非戦の誓いII　基地の中にも被爆の丘にも「9条の碑」を　●目次

東北・北海道

第2章　中部地方…85

東海

山梨、石川県

長野県

序章　憎しみの連鎖を断つ憲法9条を世界に

1　軍隊廃止は幣原首相のアイデア

ロシアのウクライナ侵攻からイスラエルによるガザの虐殺、さらに民主主義の崩壊の動きなど、世界は悲惨な方向に突き進んでいるかのようです。日本も戦前の軍国主義の時代に戻るような動きが進み、私たちの未来に危機感を覚える機会が増えています。しかし、人類はそんなに愚かではありません。戦争を防ぎ、この世から争いをなくす仕組みをつくろうとする努力もまた実を結んできました。その具体的な現れが日本国憲法9条です。

ジャーナリストとなって私は50年を越します。この間、中南米の戦場、東欧革命、欧州や米国、アジアやアフリカの紛争地など世界84の国を現地で取材しました。日本から来たというと、どこでもいわれた言葉があります。「日本はアメリカから原爆を落とされたんだよね。こんどは日本がアメリカに原爆を落とす番だね」というのです。

とんでもありません。「日本人はそうは考えないよ。核兵器そして戦争そのものをなくさないといけないと思っている」と答えると、けげんな顔をされます。

世界はまだ「やられたらやり返せ」「武力には武力を」と考えるのが常識なのです。だから他国を侵略し、違う民族を虐殺する動きが絶えない。でも、こんな考えを持っていたら、いつまでたっても地球から争いは絶えません。

では、私たち日本人はなぜ戦争や核兵器をなくさなくてはならないと考えるのでしょうか。それは被爆国というだけではありません。「戦争を放棄する」と定めた憲法9条がそれなりに根づいているからです。

毎年の世論調査では「9条を変えない方がいい」という意見が多数を占めます。戦争の悲惨さを身をもって知り、世代を越えて平和の大切さが受け継がれているからこそ、9条が国民的な発想として定着しているのです。

しかし、9条を変えて日本を再び戦争する国に戻そうという動きが、政府によって急速に進められています。軍隊を持つのが普通の国だというのです。いいえ、それは強い国が弱い国を襲って領土を奪うのが普通だった過去の時代の話です。

今から100年近く前の1928年、フランスのパリで不戦条約が結ばれました。これからは戦争をしてはならないと国際条約で決めたのです。その後も戦争が起きましたが、第2次世界大戦が終わると国連が生まれ、「武力による威嚇又は武力の行使を慎まなければならない」と国連憲章に決めました。そうです。日本の憲法9条はこの国連憲章に基づいているのです。平和を求める人類の歴史の最先端に輝くのが私たちの日本国憲法です。

憲法はアメリカが押し付けたと長く信じられてきました。でも、今では戦後の日本の首相、幣原喜重郎の考えだとようやく知られるようになりました。幣原の証言が国会図書館に残っています。1964（昭和39）年に出された政府の憲法調査会の文書です。

この中で幣原は「非武装宣言ということは、従来の観念からすれば全く狂気の沙汰である。だが正気の沙汰とは何か。武装宣言が正気の沙汰か。それこそ狂気の沙汰だ。世界は今、一人の狂人を必要としている。これは素晴らしい狂人である。世界史の扉を開く狂人である。その歴史的使命を日本が果たすのだ」と、9条を思いついたときを回想しています。

そのあとで「押し付け」に触れています。当時、幣原以外の政治家たちにとって憲法で軍隊を廃止するなど思いもよらなかった。幣原が提案しても一蹴され、せっかくのアイデアが葬られるのは目に見えていました。

どうしたらいいかと考えた幣原は「マッカーサーに進言し、命令として出して貰うように決心した」のです。つまり、幣原がマッカーサーに押し付け、それを受けたマッカーサーが日本に押し付けたのです。幣原がマッカーサーを経由して実現させたのです。

マッカーサーとて、すんなりと受け入れたのではありません。軍人の彼にとって軍隊をなくすなど考えもつかない発想です。ためらった彼に幣原はこんな言葉を投げつけます。

「好むと好まざるにかかわらず、世界は一つの世界に向って進む外はない。軍縮を可能にする突破口は、自発的戦争放棄国の出現を期待する以外ない。日本は今、その役割を果たし得る位置にある。歴史の偶然はたまたま日本に世界史的任務を受け持つ機会を与えた。貴下さえ賛成するなら、日本の戦争放棄は承認される可能性がある。歴史のこの偶然を今こそ利用するときである。日本を自主的に行動させることが世界を救い、アメリカをも救う唯一つの道ではないか」。

その迫力にマッカーサーは打たれ、最後は「非常に理解し」、幣原と握手したのでした。マッカーサーも「幣原首相が私のところにやってきて『この問題を解決する道はただ一つ、戦争をなくすことだ。私は、現在起草している憲法の中にこのような規定を入れたい』といった」と、１９５１年５月にアメリカの議会で証言しています。幣原とマッカーサーと、二人の証言はピタリと一致します。

幣原はこの年の３月に病気で亡くなりました。だから彼の肉声の証言が残っていません。それをいいことに自民党政府は米国の押し付けの部分だけに絞って話を広めました。このため「アメリカの押し付け」と広く信じられてきたのです。

軍隊を廃止するという、人類の歴史の中で燦然と輝くアイデアを考えたのは、日本の政治家です。私たちは幣原のような優れた政治家を持ったことを誇りに思うべきです。「アメリカの押し付け」と言い張ることは、日本人の能力を否定することです。

２　軍事費を教育費に変えたコスタリカ

幣原は、日本に続いて世界の国々が軍隊を無くせば世界が平和になると主張しました。実際、日本国憲法施行の２年後に世界第２の平和憲法国家が生まれました。中米のコスタリカです。日本はやがて自衛隊という軍隊をつくりましたが、コスタリカは完全に軍隊を無くしました。軍艦も戦車もまったくありません。

そればかりかコスタリカは世界に平和を輸出しています。１９８７年に当時のアリアス大統領は、戦争をしていた周囲の３つの国をまわってすべて戦争を終わらせ、ノーベル平和賞を受賞しました。私は彼に会って、なぜそんなことをしたのか聞きました。彼は「平和憲法を持つ国は自分だけが平和で満足してはならない。世界を平和にするのが平和国家の役割だ」といいました。

この国では、軍隊をなくして浮いた軍事費をそっくり教育費に回しました。憲法ができた１９４９年以来、国の毎年の予算の30％が教育費です。義務教育は幼稚園から高校まで13年間。大学生の７割は奨学金をもらっています。日本の奨学金はあとで返さなくてはなりませんが、コスタリカでは返す必要はありません。

幼稚園では平和教育をしていました。日本で平和といえば国や世界の平和を考えがちですが、コスタリカでは平和の出発点は個人です。まず「自分との平和」。だれもが自分の悩みを積極的に解決することから平和が始まります。次に「他人との平和」。友だちの権利を尊重し、自分の存在が周囲をよくすることが平和の基礎です。最後に「自然との平和」。自然に責任を持ち、私たちはみんなつながって生きていると認識することです。

日本の平和教育は戦争の悲惨さを知ることが中心ですが、コスタリカでは一人ひとりが自分と社会の平和を創り上げることを重視します。ただ戦争がないからといって、それは平和とは呼べません。差別やいじめや社会格差など構造的な暴力がない社会を実現してこそ、真の平和だといえます。そうした平和を築くことが私たちに求められています。憲法9条の核心は、まさにそこにあるのではないでしょうか。9条は平和を守るのでなく、平和を創る発想に立っています。

コスタリカの文科省に当たる公教育省を訪れて国の教育の目的を聞くと、「だれもが一人の人間として意識でき、何よりも本人が幸せであること」といわれました。「わが国は人権の国です。他人の権利を認めることが平和につながる。自分と同じく他人の人生を人間として尊重することから民主主義が生まれる」とも。含蓄のある言葉です。世界の国が隣人を人間として尊重するなら、侵略や虐殺などなくなるでしょう。

私がコスタリカを最初に訪れたのは1984年で、それ以来20回ほど取材やスタディ・ツアーで訪ねました。地方の町を歩いていたとき、ふと思いついた疑問があります。一般の国民は平和憲法についてどれほど知っているのでしょうか。

向こうから制服を着た女の子が歩いてきます。女子高校生でした。「あなたの国に平和憲法があるのを知ってる?」と聞くと、彼女は「もちろん知っています」と答えます。「そんなこといっても、攻められたらどうするの?　あなたは殺されるかもしれないんだよ」というと、彼女は「コスタリカは周囲の国の戦争を終わらせるなど世界の平和のために尽くしてきました。この国を攻める国があれば、世界が放っておかない」と語り、コスタリカが世界の平和のために何をしてきたかをとうとうと述べました。そのうえで「私は歴代の大統領が世界の平和のために尽くしてきたことを誇りに思っています。自分がコスタリカ国民であることを誇りに思っています」

といいました。

街角でたまたま出会った普通の高校生が、外国の記者の突然の質問に対して、堂々と明確に答えるのです。その清々しい目を見つめながら私は、日本の若者も自分の国を誇れるような日本にしたいと強烈に思いました。

この国のあいさつ言葉は「おはよう」も「さようなら」も「プーラ・ビーダ」といいます。「純粋な人生」という意味です。日本をこんな国にしたい、と心から思います。そうなったとき初めて、私たちは9条の国に住んでいると実感するのではないでしょうか。

3　混迷の時代に理想を掲げる

コスタリカでは、憲法は理想を掲げたものであり、現実を憲法に近づけようという社会的な合意があります。日本は理想が現実と会わないからといって、理想の方をやめようとする。そのような国は世界から尊敬されないし、私たち自身が誇りを持てないでしょう。

私たちには9条という世界に誇るべき理想があります。なくすどころか高く掲げて、これからの世界を具体的にこうしていこうと指し示すべきです。戦争を広める大国に従うのは、国としても人間として愚かなことです。混迷する世界に平和を広めることこそ、今の時代を生きる日本の私たちの存在意義でしょう。

9条を体現した見本が、アフガニスタンの人々を治療した医師、中村哲さんです。昆虫と山が好きだからとアフガンを訪れ、ハンセン病に取り組む医師と出会い、難民キャンプで診療しました。そこから大勢の人々が生活できるよう荒野に用水路を引く大規模な土木工事を考え、人々を説得して灌漑用水を完成させました。その結果、65万人が生きて行けるようになった。こうすれば発展できるという見本を築いたのです。

アフガニスタンを侵攻して混乱させたのはロシアの前身、ソ連でした。ソ連が撤退したあと米国はテロへの報復を唱えてアフガンを爆撃しました。中村さんらが大工事をしている最中も、米軍は上空から爆撃したのです。大国は小さな国と見れば破壊するのみです。日本は、中村さんは違います。貧しい人々が生きて行けるよう建設に尽くしたのです。

工事をする人々の中には元武装勢力やテロリストと呼ばれた人もいました。彼らは何もテロリストに生まれついたのではありません。爆撃され、生活を破壊されたがために武装での抗議に走ったのです。それを考えずに、刃向かうものはすべて殺せという大国の考え方こそ世界を破壊する行為です。「剣で立つものは剣で倒される」と中村さんはいいます。「物騒な勢力をカネと武器で育てたのが外国軍だ」とも指摘しました。

中村さんは「暴力と虚偽で目先の利を守る時代は自滅しようとしている。今ほど切実に、自然と人間との関係が根底から問い直された時はなかった。決して希望なき時代ではない。大地を離れた人為の業に欺かれず、与えられた恵みを見出す努力が必要な時なのだ」と語りかけます。

中村さんの活動を保障したのが「信頼」でした。「診療所が襲撃されたとき、『死んでも撃ち返すな』と、報復の応戦を引き留めたことで信頼の絆を得、後々まで私たちと事業を守った『信頼』は一朝にして築かれるものではない。利害を超え、忍耐を重ね、裏切られても裏切り返さない誠実さこそが、人々の心に触れる。それは、武力以上に強固な安全を提供してくれ、人々を動かすことができる。私たちにとって、平和とは理念ではなく現実の力なのだ」（以上、『天、共に在り』から）とも語ります。

幣原が掲げた9条の理想は、半世紀以上を経て中村医師によってアフガンの大地で実践され、人々の尊敬を得ました。9条とは具体的に何かと問われたら、それは中村医師の行動だと答えることができます。

私たちは9条を生んだ日本を、世界の平和の見本にしようではありませんか。いつかアフガンを訪れて、荒野から沃野になった大地に憲法9条の碑を建てたいものです。

第1章　東日本

〈東京〉

1　足立区
輝く地球に刻まれた9条

青空の下、ベートーベンの「第九・歓喜の歌」を奏でるトランペットの音色が、東京の下町に響きます。いつもは静かな足立区の住宅街の道を、大勢の笑顔が埋めます。2022年6月19日、東京で初めての憲法9条の碑の除幕式が始まりました。沖縄に9条の碑が初めて建てられたのは1985年。37年を経てようやく首都に完成したのです。

道路沿いの空き地に白い幕が覆われ、左右に引き綱が伸びます。両側から6人ずつ、掛け声でいっせいに引きました。現れたのは銀色に輝く直径1メートルの金属の球体です。他の多くの9条の碑は四角い石ですが、こちらは丸く、しかもステンレス製。太陽の光を浴びてまぶしく輝きます。参加した173人から大きな拍手が湧きました。

球の表面に憲法9条がピンク色で、らせん状に彫られています。「9条だから球状」というユーモアがこめられ、デザインには都会的なセンスが感じられます。碑を設計・デザインしたのは、足立区の建築家で市民連合あだちの事務局長でもある吉田錦次さんと娘の大学生実紀さん

足立区の九条の碑

親子二人の共作です。製作したのは北海鉄工所です。

吉田さんは「碑のテーマは『生きているあなたを映す』です。9条を見ようと近づいた人の姿が鏡面に映ります。今生きているのは9条のおかげであることを示します」と設計の意図を話しました。

陽光にキラキラ光る碑を指さし、「九条の会」の事務局長で東大名誉教授の小森陽一さんは「刻まれた9条を読むには、周囲をぐるっと2周回らなければならない。碑を観に来た人の頭に9条が刻み込まれます」と語りました。「ロシアの西の隣国がウクライナ。東の隣国の日本は9条で問題を解決するよう国連で胸を張って主張すべき」と熱弁を奮います。

前川喜平・元文部科学事務次官は「人類社

会における戦争違法化の金字塔、日本国憲法九条が形になりました」と、渡辺治・一橋大学名誉教授は「改憲の動きが急な今こそ、九条の理念を高く掲げよう」というメッセージを寄せました。

そばの柳原児童遊園で祝いの集いが開かれ、私は碑の意義を述べました。「9条だから球状というユーモアが素晴らしい。お硬い憲法が今や市民のもの、国民に身近になった証拠です。固くてさびないステンレスを素材としたところに、9条を変えることなく保って行こうという確固とした意志を感じます。軍事力で国を守るという発想では戦争はなくならない。戦争をしないで済む世界をつくりましょう」と呼びかけました。

ステンレスは厚さが2センチあり、少々の力では壊れません。この碑は一見、地球のようです。北極に当たる部分に「9」が北斗七星の形で描いてあります。夜間航海する船が北極星で方向を知るように、9条を人類の未来を目指す指針としたいものです。

建立したのは市民団体「『九条の碑』を建立する会」。その母体は足立区の中田好美、順子さん夫妻が中心となり2016年に立ち上げた「千住九条の会」でした。2020年1月に開いた講演会で私が「東京にも9条の碑を」と呼びかけると、直後の世話人会議で関博之さんらが「東京で初めての9条の碑を千住につくろう」と声を上げたのです。

それまで講演会に招いた堀尾輝久・東大名誉教授や前川喜平さんらに賛同人になってもらい、11月に「九条の碑を建立する会」を発足させました。建立する会の目的として、「日本国憲法を守る」から「生かし活用する」ことへ議論を展開することを掲げました。

デザインをどうするか、世話人会議で意見を出し合いました。「石碑ではなくモダンでアート感覚なものを。子どもや若者が注目し9条を身近に感じるデザインに」と注文し、吉田さんは見事にそれに応えたのです。画期的な都会感覚の球状の碑は、みんなの知恵から生まれました。

千住九条の会は多彩な市民が集まっています。碑の完成を祝う集いでもフラメンコ・ギタリストの渡辺イワオさん、シンガーソングライターの橋本のぶよさんらプロが祝いました。地元代表の小林弘子さんは高校のときに暗唱した憲法前文を披露し、「スペイン領カナリア諸島で憲法9条の碑を観たとき、世界の人が日本に続けといっているように思った。地元にできた碑を誇りに思います」と話しました。除幕式でトランペットを吹いた山内金久さんは「アメージング・グレイス」も演奏しました。

建立の費用を300万円と見積もりましたが、全国の700人を超す個人や団体から集まった額は約500万円です。募金を一口千円としたところ「生活保護を受けています。千円でないとだめですか」と電話がありました。「お気持ちだけで100円でも200円でもと伝えると、200円を送ってくれた。涙が出ました」と中田順子さんは話します。

「9条が世界にあったなら戦争は起こらない。ウクライナ侵攻を口実に改憲の動きが強まる中、『9条の風』を吹かせたくて除幕式を早めた」と順子さん。好美さんは「完成して終わりでなく、平和の名所として広める。『九条プレート』や缶バッジもつくったので普及したい。近隣の平和の碑をめぐる『ピースウォーク』もしたい」と抱負を語ります。

その言葉を本当に実行したのです。グレーの地にピンクで「9」をあしらった「九条プレート」と缶バッジをつくりました。購入した人がプレートを自宅の外壁にかけて通行人にアピールします。桜が満開の時期には東京大空襲・戦災資料センターなどを歩くピースウォークをしました。花見をして楽しみながら考えるというやり方です。いいなあ。

夢は世界に広がります。2023年9月には「『九条』を世界に贈るプロジェクト」がスタートしました。「九条プレート」をつくり、世界に9条を知ってもらおうというのです。「九条プレート」は45センチ四方のアルミ複合版で、緑色の地に黄緑色で「9」とオリーブの枝をくわえた2羽のハト、それぞれ韓国語、中国語、英語、フランス語、スペイン語に訳した憲法9条を書き入れました。

鮮やかで上品なデザインをしたのは吉井亜喜さんです。お披露目の会で賛同人のNGO「核兵器廃絶国際キャンペーン（ICAN）」国際運営委員の川崎哲さんは「政府は武器が輸出できるよう議論しているが、輸出すべきは九条だ」と述べました。

「九条プレート」は世界に届けられています。2025年3月の時点で世界23か国、46団体に寄贈しました。プロジェクト代表の大谷猛夫さんは韓国ソウル市や中国・南京市を訪れて植民地歴史博物館や学校に贈りました。国際交流のNGOピースボートは核兵器廃絶の「おりづるプロジェクト」の一環として、世界一周の船の寄港地で平和運動団体にプレートを届けました。日本アジア・アフリカ・ラテンアメリカ連帯委員会（ＡＡＬＡ）代表理事の吉田万三さんは東南アジア諸国連合（ＡＳＥＡＮ）事務局に届けました。

私自身、会から依頼されて中米コスタリカに持参し、国会を訪れて贈呈しました。プレートを受け取った国会事務局長のアレハンドラさんは「ここに書かれたのは貴重なメッセージです。平和を勝ち取るための闘いを分かち合いたい。民主主義は軍隊をなくしてこそ実現します。日本の痛みとなった広島、長崎の傷は今も続いていると理解しています。日本とコスタリカがともに非暴力のたいまつを灯して進みましょう」と語りました。プレートは旧大統領官邸、今は迎賓館となった建物の入り口に飾られています。

コスタリカにある国連平和大学の教室には、ＮＧＯピースボートによって運ばれた「九条プレート」が壁に飾られています。

さらに多くの「九条プレート」を世界に広めようと寄付を募っています。郵便振替口座名は「『九条の碑』を建立する会」、口座番号は００１３０—０—４２１５０９です。

ユニークな9条の碑には全国から見学者が来ています。中田順子さんが案内しただけでも2年で40組、３５０人に上ります。そのつど案内している姿に頭が下がります。

千住九条の会はユニークな人々の集まりです。僕の講演会を開いたときは、同じ会場でそのままニューイヤーパーティーとなりました。ギターや合唱、フォルクローレの演奏や踊りなど、みなさん実に楽しそうです。若者もたくさんいます。

会員には元足立区長の吉田万三さんや弁護士、医師、学者もいます。何か面白いことをやりたいという主婦もいます。知恵を出し合い仕事を分担して、イベントを定期的に行って来ました。全国各地の九条の会では会員の高齢化や活動の沈滞が問題となっていますが、千住九条の会を参考にしてほしい。楽しく、みんなが参加するから続くのです。

９条の碑はＪＲ北千住駅東口から歩いて15分、東武スカイツリーライン牛田駅から５分。足立区柳原１丁目27番地の柳原リハビリテーション病院の隣接地にあります。土地は医療法人財団健和会が提供してくれました。

「九条の碑を建立する会」が９条の碑の除幕式で参加者に送ったあいさつが出色です。「この地から日本中、世界中に『九条』の風を吹かせ、今こそ『九条』で世界の平和を実現させたい。日本国憲法九条は明日への希望です」

2　府中市
合唱から生まれた9条の碑

首都で初めての9条の碑が誕生して2年後の2024年5月、都内で2つ目の碑が府中市に生まれました。「9条の碑・府中」です。東京都西部の三多摩地域では初めての9条の碑です。

住宅地の一角に一風変わった彫刻と条文碑が建っています。他の9条の碑と違うのは、敷地を整備して公園とし、椅子を置いて市民が憩える場所にしたこと。その名も「9条ぷちパークfuchu」と名づけました。全国の9条の碑の中で規模の大きいものです。

それにも増して最大の特徴は、文化から生まれた9条の碑であること。碑を建てた「三多摩初の『9条の碑』を府中につくる会」の母体は、府中市で40年以上も活動する「けやき平和コンサートの会」です。碑の建立にも合唱コンサートを開いて募金を呼びかけました。集まった額は1000万円を超し、他と比べて桁が違います。

「けやき平和コンサートの会」が発足したのは1982年です。呼びかけたのは市内のピアニスト斉藤寿美代さんが主宰する「女声合唱団コールひまわり」でした。その前年、「ノーモア・ヒロシマコンサート」に参加して感動を呼び、府中市でこのようなコンサートを開きたいという声が高まったのです。

斉藤さんが音楽大学の学生時代にベトナム反戦運動が盛り上がりました。その中で「芸術至上主義に陥らず、音楽活動を社会の中に位置づけ仲間とともに模索しよう」と考えたのです。結婚して府中市に住み子育てをしたころ、芥川也寸志氏を中心に「反核音楽家たちの会」が結成され、各地で反核コンサートが行われました。府中でも「音楽を通じてステージから核廃絶を発信しよう」と、「けやき平和コンサートの会」を発足させたのです。

それ以来、「反核・平和、環境保全、福祉」を３本柱に掲げて毎年、コンサートを開きました。発足20周年ではチェルノブイリで被ばくしたウクライナのナターシャ・グジーさんを招きました。コンサートのたびに収益から広島や長崎、福島に支援金を贈りました。会場のロビーでは「原爆と人間」「福島原発事故その後」など写真展も開きました。

そこで出会ったのが「東京大空襲を忘れない実行委員会」の濱田嘉一さんです。１９４５年３月に東京の下町を一晩にして焦土と化したのが、米軍のＢ29による爆撃でした。１００万人以上が罹災し10万人以上の命が奪われた事実を後世に伝え平和の尊さを深く認識しよう、と活動してきた会の代表が濱田さんです。

濱田さんは空襲当時、７歳でした。父はノモンハンで戦死し、母と二人暮らしで寝ていた自宅に焼夷弾が落ち、雨のように降る焼夷弾の中を逃げ惑いました。夜が明けると小学校は黒焦げになった死体の山。伯父と祖父も失いました。そうした過去を抱え80歳を超えて「私たちが最後の

大がかりな公園をつくった東京・府中
左が9条の条文碑、中央がアヒルを抱く少女

年齢層かもしれない。あの悲劇を風化させてはいけない。二度と戦争を起こさないために平和の尊さを訴えたい」と、語り部として人生をささげることに決めたのです。写真家の石川文洋さんも両国高校定時制の仲間で、実行委員の一人です。

濱田さんの熱意に感動した斉藤さんは平和活動をしている団体に呼びかけ、2021年に府中市で「東京大空襲を忘れない平和の集い」を開きました。濱田さんはこれを機会にけやきコンサート合唱団に入って歌うようになりました。

斉藤さんはコンサートのさいに私が憲法について話す機会を3回もつくりました。そこで全国各地に9条の碑が建てられている話をすると、「三多摩初の『9条の碑』を府中につくる会」が生まれました。斉藤さん、濱田さん、そして「けやきコンサートの会」の姫田光義会長の3人が共同代表となり、平和の集いに参加した人々が集まったのです。だから最初から人数が多かったし、結束も固かった。「『9条の碑』をいまこそ府中に」という学習のつどいを開いて、参加者に9条の碑を建立する運動への参加を呼びかけました。

碑を建てる場所探しが始まると、「うちの土地を無償で提供する」と申し出たのが88歳の林静枝さんです。東京大空襲で父を亡くし、都立立川高校3年だった1952年、「血のメーデー」に参加して官憲に追われ北海道に逃げ、診療所で働きながら1年後に府中に戻った方です。「代々の農地を守らなければご先祖さまに申しわけない。『憲法9条の碑』に使ってもらえるなら大変光栄です」と話します。

碑のデザインは市内の彫刻家、久保制一さんに任されました。けやき平和コンサートの発足以来、ポスターを制作してきた芸術家です。描き続けたテーマが「少女とアヒル」でした。平和の象徴といえばハトですが、独自に平和を造形化したいと考えたのです。市内の池に捨てられていたアヒルを自宅で飼ったのがアヒルとの出会いだとか。

久保さんは54平方メートルの竹藪を整地して小さな公園とし、9条の条文を刻んだ碑と、両手でアヒルを抱いた少女のブロンズ像を置きました。「平和はどこからか飛んでくるものではなく、よちよち歩きであっても大地を一歩一歩あるいて進むもの」という信念の表現です。ブロンズ像は台座を含め高さが2メートルあります。

条文の碑の表には9条を浮き彫りにしたレリーフをはめ込み、反対側には寄付した人の名前を入れました。碑文は「つくる会」のメンバーが意見を出し合って仕上げました。

府中九条の碑除幕式（2024 年 5 月 7 日）

「第2次世界大戦の終結以来、日本は外国と戦争していません。これは１９４７年に施行された日本国憲法、特に9条があったからです。２０２２年、この9条を宝のように大切にし、地球上で戦争が起こらない盾として育てていこうという機運が高まりました。音楽を通して平和を発信してきた『けやき平和コンサートの会』を中心に憲法の学びを重ね、多摩地域初の『9条の碑』を緑豊かな東京・府中のこの地につくろうと幅広い人たちと団体に呼びかけて多くの賛同を得ることができました。この場所を提供していただいた林家のご厚意で小さな公園をつくり、9条の条文碑と平和への思いを象徴するモニュメントを設置しました。ここは人々が集い、未来を語り合う憩いの空間になることでしょう。憲法をゆがめようとする流れは、なお強いものがあります。そういう時だからこそ、日本国憲法を愛し、はぐくむ思い、『平和の心を形に』のメッセージが、この地から日本と世界へ大きくはばたいていくことを願います」

9条の碑だけでなく芸術作品のようなブロンズ像もつくり、公園まで造成する大掛かりな工事になって費用が膨らんだのです。チャリティコンサートを開いて募金を訴えました。

ある日、銀行振り込みで3万円が入りました。振り込んだ人の名は「ヨシナガ・サユリ」です。もしや俳優の吉永さんかもしれないと本人に問い合わせました。「9条のカンパ、入れております。様々な寄付のご依頼の中、9条の会や第五福竜丸、ウクライナ支援など出来る範囲で行なっております。府中の碑の御成功をお祈り致します」という言葉が吉永さんから寄せられました。

賛同金を寄せた中に83歳の女性がいます。4歳で終戦を迎え母子寮で生活し、中学を出てすぐに就職し、さまざまな職を転々とした方です。夫は20年前に亡くなりました。苦労を重ねる中で人の世話になったことを感謝し、恩返ししたいと「9条の碑」に募金したのです。「戦後、日本が戦場となることなく、ここまで来ました。9条があったおかげです。『アメリカからの押し付け』という人がいますが、違います。憲法の誕生の歴史を学んでみれば、9条はあの戦争を経た日本人の願いと決意の反映であることがわかります。この府中に『9条の碑・像』ができる。私もその一部でもお手伝いができるなら、こんなうれしいことはありません」と語ります。

こうした約800人の個人、団体によって「9条の碑・府中」がついに完成し、除幕式が2024年5月7日に行われました。小雨が降る中、完成した公園の前には250人もの市民が集まりました。開式の辞で斉藤さんは「音楽、合唱を通して9条の碑をつくったのは初めてではないか」と興奮気味に話します。そう。全国各地に9条の碑がありますが、文化運動から生まれたのはこれが初めてです。そこに意義があります。除幕のあと参加者は駆け寄ってブロンズ像を眺め、条文碑の裏側に刻まれた自分の名を写真に撮りました。

その後は市内のホールで「完成のつどい」を開きました。オープニングは「９条の碑・府中」の完成を祝って新しくつくられた歌です。作詞、作曲は若きシンガーソングライター大熊啓さん。「世界は九条（あなた）を待っている」という題です。

「あの日もっと遊びたかったあの子の　生まれ変わりのようにあなた（憲法）は、あなた（九条）は生まれた　差し伸べる小さな手　守ってくれると　信じていたから／その手の中に何があるの？　愛と平和と不戦の誓い　さあどこまでも　翼を広げて　世界はあなたを待ち望んでる」。

これが１番で、３番まであります。

九条の会事務局長の小森陽一さんや「９条地球憲章の会」代表の堀尾輝久さんが祝辞を述べ、私は「武力には武力という考えは憎しみの連鎖を招く。世界の国が９条を持てば戦争はなくなる。世界に９条を広めることが私たちの使命です」と講演しました。

締めくくりは、また歌です。この碑のためにつくられた歌はもう一つあります。うたごえ運動で名高い木下そんきさんによる「命の九条」で、「アヒルと女性の像にこめられた　命の九条平和の力　私たちはもう二度と　戦争しないと誓います」と歌います。府中市に住む俳優の高田敏江さんがこの歌と大熊さんの歌の歌詞を朗読し、さまざまな合唱団の有志で結成した「９条の碑完成を祝う合唱団」が二つの歌を歌いました。最初から最後まで歌という文化に満ちた９条の碑の除幕式です。

9条の碑をつくる牽引力となった斉藤さんは語ります。「独特の市民運動の形態と制作者との協働によって成し得た府中ならではの活動でした。『9条の碑』をシンボルに、『新たな戦前』に引き戻そうとする動きを敏感に見つめ、平和憲法を守る活動の輪を広げていきましょう。さあ、新たな出発のときです」

「9条ぷちパーク fuchu」は府中市南町6—52—1。京王線府中駅の6番バス乗り場、「ちゅうバス」の「よつや苑西ルート」に乗って「芝間稲荷神社」で降りるとあります。

3　杉並区
9条の家～家そのものが碑

東京都杉並区の閑静な住宅街のT字路に、２階建ての白い建物があります。洋館風のいかにもしゃれた造りで、入口の上にピンクや青で華麗でポップな看板が掲げられています。「Love & Peace ９条の家」。

道路に面した窓には「Article9 TV　けんぽう9条TV」と書かれ、窓いっぱい65インチの大画面で日本国憲法9条の条文を映します。窓からのぞく大画面が「９条の碑」で、家全体が碑を支える枠組みという発想です。つまり家そのものが「９条の碑」というわけです。他の９条の碑とは、規模がまるで違います。

違いは表示の方法にも。石などに憲法の条文を彫るのでなく、画面の表示です。アナログではなくデジタルの碑です。画面を見るとチラチラと文字が動いているように見えるのど、つい気になってのぞきこむ効果があります。

画面をいくらでも変えられます。９条の条文だった画面がパッと変わって、憲法前文を表示します。動画も流せます。前の道を通る人たちもつい目を向けます。とりわけ若者たちは目ざとい。若い世代を注目させる点でも意味深く、IT時代にふさわしい新しい型の9条の碑といえます。

2024年10月30日、「9条の家」のオープン式が行われました。「9条の家」の持ち主、金野《こんの》奉晴《ともはる》さんがメディアに送った「『9条の家』設立趣意書」にはこう書かれています。

「この人間界に平和主義者は圧倒的多数派で、戦争主義者は圧倒的少数派です。（しかし）平和主義者の拠点がこの世に存在しない、世界平和を目指す拠点として『憲法9条』を前面に掲げる『9条の家』を創立して、9条を活かす行動を開始することにしました。あきらめたら戦争は永遠になくならず、理不尽に殺され、破壊され続ける悲惨な未来が待っています。未来を生きる子や孫たちに、そんな思いをさせたくありません。『何事も挑戦しなければ始まらない』という言葉を胸に秘めて、平和主義者の拠り所となり、活動を糾合する拠点として、日本で初めての『9条の家』を設立することといたします」

オープンの日、「9条の家」の理事長の金野さんと、名誉館長の名をいただいた私と二人でテープカットしました。金野さんがあいさつします。「これはじっとしていない『動く家』です。企画する家です。9条を携えて商社マンのように世界へ飛び出す決意です」。ずいぶんと気合が入っています。

1階はブックカフェで、憲法9条に関する本を置いています。コーヒーを飲みながら学び、隣り合わせた人が平和への活動を話し合う場です。2階はユーチューブなど動画を発信するスタジ

9条の家の入口に立つ金野奉晴さん

オと集会室です。「世界の人たちとつながりたいし、若い世代の目を引きたい」。金野さんはそう話しました。

祝賀会では、同じ都内の府中市で4か月前に「9条の碑」を建てた「けやきコンサートの会」の合唱団員10人ほどが歌いました。金野さん夫妻も、金野さんが作詞し妻の弘子さんが作曲した「青い星」をデュエットしました。「愛を惜しみなくすべての人々に捧げよう。この青い星を愛と平和で満たそう…」という歌です。二人は山梨県で歌声喫茶を開いています。金野さんは、玄人はだしの歌唱力の持ち主です。

埼玉県から参加した高校の先生が「生徒に憲法の5つの条文を示して、絵に描いてもらった。憲法は私たちの暮らしを守るためにあり、一人ひとりの人間が大切にされるために欠かせない身近なものだと理解されるきっかけになりました」と発言して拍手を浴びました。

この家は金野さんのお姉さんのものでした、お姉さんが亡くなって管理を任せられた金野さんは、小さな庭に9条の碑を建てようとしたけれど、狭すぎて無理だとわかりました。その話を金野さんから聞いた私は「いっそ家を丸ごと『9条の家』にしては」とアイデアを出し、それが採用されたのです。

金野さんは行動の人です。自宅のある山梨県北杜市で連日、街頭に立ってスタンディングをしました。「憲法九条世界の宝」「安保法は憲法違反」など手書きのプラカードを持つ姿が地元で名物になっています。ときにはスパイダーマンの扮装をして立ちます。目立たないわけがない。スタンディングを開始したのが2015年6月4日で、以来毎日、街角に立っています。たいした根性です。それを「9条の家」の前でも始めました。

なぜ平和の活動を始めたのでしょうか。秋田県で生まれ6歳のときに父の仕事の関係で東京に移りました。高校1年のときに家庭の事情で退学し、就職しました。高校の定時制に入って4年間、昼は働き夜は学びます。結婚して子もでき、33歳で駒澤大学の二部に入学し、またも昼は働き夜は学ぶ生活に入ります。

このころは高い収入を得て庭付きの持ち家を手に入れることしか頭になかった。ついに念願の住宅を手に入れたものの都心への電車通勤に片道2時間かかります。通勤時間がありすぎるため新聞を隅々まで読むようになりました。

さらに興味を持った記事について深く知ろうと読書を始めました。有吉佐和子の『複合汚染』を読んで環境問題に目覚めます。思い立ったら実行せずにはいられない性格。脱サラし家を売って地方で農業をして暮らそうと考え、すぐに実行しました。田舎暮らしを嫌う妻とは離婚し、四国の農業熟で学び、山梨県北杜市に移住して農業を始めました。

金野さんは、26歳の時に最初に授かった子を喪うという経験をします。そのために、子どもに先立たれる悲しみはもう体験したくないという思いが強く、「息子たちを戦死させてなるものか」と思うあまり、日本を再び戦争に向かわせる安保法制の動きが生まれたのを機にスタンディングを開始したのでした。

２０１５年9月に安保法制が強行採決されると、2か月後の11月に「安保法制違憲訴訟やまなし」を組織して裁判闘争を始めました。原告団は１８１人、弁護団は12人、原告団長が金野さんです。裁判を通じて、憲法９条こそが徹底した非戦の思想だと確信し、これを世界標準にしたいと思うようになりました。

そこで痛感したのは、日本人の大半が9条を知らないことです。メディアが安保法制の違憲訴訟を軽視し裁判所が違憲判断を棄却したのは、世論が無関心だからだと考えたのです。広く国民に9条を読んでもらおうと思いついたのが「憲法9条ポスター」の看板を自宅の前に立てることでした。

自らデザインしたのが縦84センチ、幅59センチのカラーのポスターです。オリーブの葉をくわえたハトが2羽飛ぶ空の下、魚屋さんやケーキ屋さんなど13人が笑顔で立つ虹の下に憲法9条が書いてあります。犬や猫が並ぶ絵も。楽しくほほえましい。

大量に印刷して頒布し、家の前に掲示板を立ててポスターを貼る運動を始めました。全国に7000の掲示板を立てる目標を掲げた「9条掲示板7000プロジェクト」です。掲示板の作り方の参考例のポスターまで印刷しました。執念のような動きです。

当時、全国に「九条の会」が7000あるといわれました。全国の「九条の会」がそれぞれ看板を立てれば、憲法9条の看板が7000になります。「9条の碑」を建てるのは大変だけど、ポスターを貼る掲示板ならわりと簡単です。ぜひ普及したいものです。

そのころ全国で「9条の碑」を建立する運動が起きました。北杜市でも2024年6月、知人の中田さんが9条の碑を自宅に建てました。金野さんの活動に火がつきました。

金野さんは語ります。「さまざまな手法を駆使して、はるか彼方に燦然と輝く『世界平和実現』に向けて突き進みます。I have a dream! Dream comes true!（私には夢がある。夢は実現する）。夢は実現させるために描くのだと信じて『9条の家』を運営していきます。私も齢75になり、これが人生最後の仕事と思って取り組みます」と固い覚悟です。

杉並区は市民運動の発祥の地です。1954年にアメリカがビキニ環礁で水爆実験をしました。第五福竜丸が被ばくしただけではなく、水揚げされたマグロから高い放射線が測定されて

「原子マグロ」と呼ばれ、魚屋で魚が売れなくなりました。

　そこから核実験への反対運動が生まれます。東京・築地の中央卸売市場で魚商、仲買業者らが「買出人水爆対策市場大会」を開いて抗議しました。その司会をしたのが杉並区の魚屋、菅原健一さんです。杉並区立公民館で開かれた婦人参政権行使記念講演会で原水爆禁止の署名運動への参加を呼びかけたのが妻のトミ子さんでした。

　二人は子どもに「戦争は絶対にしてはいけない」と繰り返し言い聞かせました。遺志を受け継いだ娘の竹内ひで子さんは、被爆者や戦争体験者の証言記録を保存しようと「杉並区平和資料館」の開設を求めて活動しています。「9条の家」が平和資料館の役割も果たせばいいなと私は思います。

　「9条の家」のオープンは、翌日の東京新聞の1面に大きく報道されました。3週間後、東京新聞の投書欄に「広めていこう『9条の家』」という文が載りました。横浜市の清水郁子さんの投稿です。「閣議決定など民主主義によらない形で軍事大国化が進められています。それをくい止めるため『9条の家』を広めなければと思います」と書いています。

　「9条の家」の住所は杉並区梅里2―28―20。東京メトロ丸の内線の新高円寺駅から徒歩8分です。ぜひ立ち寄ってみてください。

〈関東〉

1　茨城県北茨城市
人間に代わってスタンディング

茨城県の北端にある北茨木市。すぐ北は福島県で、県境を超えた先には名高い勿来関《なこそのせき》がありま す。北茨木市に一風変わった憲法9条の碑ができたと聞いて、訪れました。

JR東京駅から特急「ひたち」に乗り、水戸駅で常磐線に乗り換えます。出発してから2時間40分で磯原駅に着きました。駅に迎えに来てくれたのが碑を建てた伊藤満さん。痩せて柔和な顔をした初老の男性です。個人で碑を建立しました。

伊藤さんの自宅のすぐ前に碑がありました。たしかに変わった形です。縦長の長方形の石の上に「9」の形の石がチョコンと載っています。一見、人間のように見えます。それもそのはず。「立っている人間の形にしました」と伊藤さんはいいます。

「9条をなくそうとする動きに反対して、街角に立ってスタンディングの訴えや署名運動をしたかった。でも、私はそういうのが苦手なんです。自分ではできない。だったら私に代わって石にスタンディングしてもらおうと思った」

「９」の字の丸い部分は空間になっていて、向こうが見えます。伊藤さんはスッと碑の向こう側に立って、「９」の空間から顔を出しました。「観光地に顔出し看板があるでしょう。あのようにしました。碑が人格を持っているように見えます。ここを訪れた人が『９』の間から顔を出して記念写真を撮ればいい記念になります」と涼しい顔でいいます。「９」から顔を出している伊藤さんの生真面目な表情を見ると、プッと吹き出しそうになります。「九条だから球状」とした東京の碑と同じく、素敵なユーモアです。

人間をかたどった９条碑のそばに立つ伊藤満さん

碑は台座を含めて高さ１７０センチ、幅は60センチ。伊藤さんの身長が１７２センチで、まさに伊藤さんの身代わりとして昼夜、立っているのです。「両腕をがっしと張って、強い意志を示す形になりました」といいます。確かに「気を付け」の形をしています。「９」は高さ50センチ、幅が40センチで、少しピンクがかった石です。胴体に当たる部分に９条を彫りこんだ銘板をはめ込みました。

デザインは伊藤さん自身です。発泡スチロールで模型をつくって石屋さんに注文しました。手先が器用なようです。以前は町の鉄工場や左官屋に勤めていました。私が訪れたときは72歳でしたが、60歳になったとき仕事を辞めて好きに生きているとか。ガレージには軽トラックの荷台に板張りの小屋を乗せた手作りのキャンピングカーがあります。

碑の後ろの自宅の壁に背景画がほしいといいます。「青空の下に海と砂漠の壁画を描きたい」。描いてくれる人を探しています。

なぜ9条の碑を個人で建てようと思い立ったのでしょうか。「20歳のころ戦争の悲惨さを描いた『人間の条件』の映画を観て小説を読み、平和を意識するようになりました。いま、先の戦争を反省するどころか正当化しようとする人々が改憲を訴えています。過去の日本はズルズルと戦争にのめりこんだ。今の日本もまた軍事化に突き進んでいます。お前に戦争を阻止できるかといわれたので、日ごろ思っていることを世の中に示そうと思った。改憲されてからでは間に合わない。たとえ改憲されたとしても、あのとき父ちゃんはこうしたと子どもらにいえるような抵抗の証としたい、と考えました」

「戦争は被害をもたらすだけでなく加害者にもなりうる。石碑をつくったからといって世の中の空気がすぐに変わるわけではないが、私は加害者になりたくない。9条を変えることには反対し続けたい」と語ります。

碑の裏側に、こう彫ってありました。

「戦争は、人として最も愚かな行為であり、戦力とは、その道具です。その戦争と戦力保持の禁止は　人類の崇高な目標であり理念であり、憲法第九条の制定と実現はその確かな道です。そこに向かって進んでいきましょう。　二〇二二年五月三日　これを建立す　伊藤　満」

ここまで聞き出すのに、かなり時間がかかりました。伊藤さんは本当にシャイな性格のようで、聞かれない限り自分のことを話しません。周囲にいた仲間がたまりかねて声を上げました。

「伊藤さんはシンガーソングライターでもあるんですよ」

驚きました。本当なのか聞くと、「つい昨日も公民館でコンサートをやったばかりです」としれッと語ります。自作の歌をなんと20曲も歌ったのです。最後に歌ったのが9条の歌でした。これも伊藤さんの作です。これまでに150曲をつくって歌ったといいます。

自作の歌集を見ました。「戦が終わり」という歌は、終戦後に買い出しに出た姉弟を歌ったものです。反原発の歌もあります。ここは東海原発から40キロ、福島第一原発から80キロの地です。福島の原発事故のさいには一晩、逃げました。「安全なんて嘘つかれ　少しのおカネで黙らされ　原子爆弾で電気を起こす／そんな危険なことはない」。題は「原爆の電気」です。名古屋の出入国在留管理局の収容施設で亡くなったスリランカの学生ウィシュマさんを悼む歌もあります。

分厚いアルバムの最後にあったのが「憲法九条を」でした。「殺し合いに巻き込まれぬように私は憲法九条を謳《うた》います　苦しみ悲しみ増す愚かな戦争を　繰り返してはいけません　良いことはひとつもありません　憲法九条は信じる証です」

伊藤さんは月刊で個人紙も出していました。30代から続けているのです。最新号にはスマホの使い方で四苦八苦するエッセーがあります。「日本というのは世の中の動きに乗れない人間にとっては、冷たい社会だ」と書いています。題字は「袋小路綾麿のとおぼえ」です。袋小路綾麿は伊藤さんがもう40年も使っている芸名で、「謝ろう」をかけています。「とおぼえ」が機関紙の題名で、最新号が４４８号です。毎号、30部印刷して仲間に配っています。とても実行力と粘りのある人です。

感心していると、周囲の仲間たちがさらに明かしました。伊藤さんは「八月十五日」という小説も書き、さらに社交ダンスもするのだそうです。どこがシャイなのかと思うのですが、そういったことを自分からは何一つ話さないのです。集まった仲間たちは伊藤さんを「温かな視線を持った人」「悩み苦しむ人たちに寄り添う人」と口々に語ります。

ところで石碑はだれが制作したのでしょうか。伊藤さんのデザインに基づいて制作したのは同じ市内の創業70年の大手の石材会社、神永石材の会長、神永峰敬さんです。地元の「北茨城・九条の会」の会員で、反原発運動をしてきた硬骨漢です。「意気に感じる人」と伊藤さんがいうように、52万円の見積もりだったのを38万円にまけてくれました。

神永さんが２０２４年7月には長崎原爆に関連する石碑を市内につくったと聞いて、その足で見に行きました。道路沿いの空き地に、長崎に落とされた爆弾の形の石碑があります。長崎原爆の実物は長さ3・3メートルでしたが、その半分の大きさです。

米軍は1945年8月9日の長崎への原爆投下の前後、本物と同じ形、重さの模擬原爆をつくって日本各地に落としました。色と形がカボチャに似ていてパンプキン爆弾と呼ばれます。49回にわたる投下の第1号がこの北茨城市で7月20日でした。

「民　忘るべからず」という大きな字が目に入ります。「模擬原爆北茨城着弾地之碑」の下に「壮絶な原爆被害のはじまりはここ北茨城市にあった。北茨城の模擬原爆を忘れず、原爆の被害を身近に感じ、その痛みを自分のことと想像し、核兵器使用を否定するこころを強く持ち続けていただくことを願い（中略）この石をのこす」と刻んであります。

神永さんに連絡すると、仕事用の軽トラックで駆けつけてくれました。「模擬原爆が落ちた当時、私は小学校1年生で一帯は空襲に遭い、赤いポストだけが焼け残っていた。これを記録として遺さなくてはならない。それが私の役割だと思った」と話します。このとき神永さんは85歳。「戦争は絶対反対」と強い口調で語ります。

原爆投下の候補地は京都市、広島市、新潟市、小倉市の4か所でした。米軍はその周辺に模擬原爆を落とし、正確に目標に当たると同時にパイロットが原爆の被害を受けないよう退避する訓練をしたのです。7月20日には北茨木市をはじめ長岡、富山など新潟周辺の10か所に投下しています。

模擬原爆の碑と関係者のみなさん　右から2人目が神永峰敬さん

９条の碑がある伊藤さん宅は北茨城市中郷町下桜井９７４―32。ＪＲ磯原駅から車で５分ほど。国道６号を海側に入った市道沿いにあります。観に行かれるなら、少し足を伸ばして模擬原爆の碑も観てほしいと思います。

2　茨城県小美玉市
自衛隊基地の真ん中に9条の碑

自衛隊基地の中に憲法9条の記念碑があると聞けば、驚くでしょう。それも基地のど真ん中にあるのです。痛快ではありませんか。茨城県の航空自衛隊百里基地です。自衛隊の基地の中に憲法9条の碑が建ったのは、もちろん全国で初めてです。

除幕式が行われたのは2024年2月11日でした。60年以上続く「百里初午まつり」の日です。2月の最初の午の日で豊作、商売繁盛など祈願します。百里基地の中にある百里平和稲荷に550人もが集まりました。百里基地反対同盟が赤飯と祝い酒を振舞います。用意したもち米は150キロに達しました。

除幕式のあいさつに立ったのは「百里・憲法9条の碑」建立実行委員会の委員長で弁護士の谷萩陽一さんです。「憲法9条の碑を建てようという話の始まりは、2021年の憲法記念日にジャーナリストの伊藤千尋さんが水戸で講演をした際に、憲法9条の碑が全国各地や海外にもあると話されたのを伊達郷右衛門さんが聞いて、この百里に立てる発想を得たところからでした。百里に関係の深い5つの団体が呼びかけて実行委員会に加入する団体を募り、募金を集めて建立に至ったものです」

いや、奮い立ったのは伊達さんだけではありません。水戸の講演の2か月後、東京で初めての9条の碑の制作スタートのつどいで発言したのが「百里の会」の事務局長、栗又衛さんでした。「茨城県で基地反対運動を30年やってきました。全国各地に9条の碑があると聞いて『だったら百里になぜ9条の碑がなかったんだろう』と思った。これから建立を具体的に検討します」と、声を弾ませて興奮した面持ちで宣言したのです。

除幕式の谷萩さんのあいさつは続きます。「この碑には、百里の農民とこれを支援する闘いを広く市民に知ってもらい、後世に伝えるという意味が込められています。百里平和公園の土地自体、『戦争のためには土地は売らない』と闘ってきた反対同盟の農民と、支援する百里基地反対連絡協議会をはじめとする運動の力で守られてきた土地です」「こんな時代だからこそ、いかなる国際紛争も武力による解決をしてはならないという憲法前文と9条の精神が、現実の国際政治を動かす力を発揮することを強く期待したい。この先、さまざまな困難があっても、日本がいつかは9条が理想とした戦争も軍隊もない国となる日が来ることを信じたい。募金を寄せてくださった多くの方々の共通の思いだと思います」

紅白の幕の両側から紐を引かれ、赤く輝くインド産御影石の巨大な石碑が現れました。オーッと、大きな歓声が上がります。碑は縦1・2メートル、幅2・45メートル、厚みが15センチあります。どっしりとした台座の上にあり、台座は横幅3メートル、台座を含めた高さは2メートル

百里基地の中、滑走路のすぐそばに建つ9条の碑

になります。迫力があるし、赤銅色に輝く碑は実に美しく芸術作品のようです。表面には「日本国憲法」の大きな字があり、憲法前文そして憲法9条が白い文字で彫られています。

先ほど名前が出た「百里の会」の会長、伊達郷右衛門さんが発言します。「百里を守って来られた農民の方たちは天国から、地元の連中よくやっているなと喜んでいると思います。言葉は交わせませんが、心はつながっています。9条の碑が出来て、それだけで平和が守れるもんじゃない。憲法前文、9条を口ずさむようにならなければ平和を守ることは難しい。全国に増やす必要があると思っています」と語りました。

最後に「政権が強行する『戦争国家づく

り』を拒否し、改憲に反対し、憲法9条を守り抜きます」というアピール文を大きな拍手で採択しました。

碑の後ろにまわると、「自衛隊は憲法違反——百里農民の信念を引き継ぐ」という大きな文字のあとに長い声明文が刻んであります。

ここ百里ヶ原に明治時代に入植した農民は、稲作には適さない荒れ地を手作業で開墾しました。やがて「天皇陛下のために、一週間後に立ち退け」といわれ、海軍航空隊の基地として接収されました。

戦後は満州から引き揚げてきた人々が開拓農民として入植し、地元の農民とともに「基地」を農地に変えて貧しいながらも平穏な日々を送ってきました。

ところが一九五六年、航空自衛隊基地の誘致が起こると事態は一変しました。農機具ひとつなく来年の種まで食べてしまう程に困窮していた農民の中には、政府の買収工作によって、土地を売り、百里を去っていく人もいました。しかし、「戦争のために土地は売らない」と決意した農民とそれを支援する「一坪地主」運動が全国に広がりました。

「基地」建設に反対する農民は、憲法九条に反する自衛隊基地建設は無効であると、一九五八年から「百里裁判」をたたかいました。最高裁は三一年後の一九八九年、憲法判断を避け、上告を棄却しました。この間、百里基地反対連絡協議会がつくられ、裁判を支援しました。

「百里基地」反対運動は、「自衛隊は憲法違反」の大看板を設置し、「一坪地主」運動の力で誘導路を「くの字」に曲げさせ、今日に至っています。一九五八年以来、毎年「初午祭」を開催し、二度と戦争を起こさせない決意を新たにしてきました。

私たちは、平和的生存権を脅かし、憲法九条二項の「陸海空軍その他の戦力」に当たる自衛隊は違憲であるという百里農民の不動の信念を引き継ぎ、ここ百里平和公園の地に日本国憲法前文と九条の碑を建立するに至りました。

建立に際しては、多くの団体・個人の賛同を得ました。

二〇二四年二月一一日　「百里・憲法九条の碑」建立実行委員会

つまり、この一帯はかつて農民が開墾した開拓農地だったのに戦前、海軍の飛行場がつくられ、農民は強制的に立ち退かされたのです。戦後になって中国東北部（旧満州）から引き揚げた人たちが開拓農民となって開墾したところ、首都防衛を任務に航空自衛隊の基地がつくられ、再び立ち退きを迫られたのです。そのとき「二度と戦争のための協力はしない」と決意を固めた8戸の農家が、最後まで土地を売らなかった。このため自衛隊基地に食い込む形で市民の土地が3000平方メートルもあるのです。航空自衛隊基地の設置計画が発表された1956年から今に至るまで、基地反対運動が続いています。

その特徴が当時としては珍しい「社共統一」です。この時代、全国各地で旧社会党系と日本共産党系の団体は対立し、独自に政府への反対運動をしました。でも、百里では共闘したのです。1978年に「百里基地反対連絡協議会」が結成され、新一坪運動を開始しました。伊達さんは「一致したところでやろうと申し合わせた」と語ります。

1989年、百里基地の中に百里平和公園をつくりました。いま9条の碑や稲荷神社がある場所です。やがて自衛隊の旧射撃場を「九条の丘」と命名し、「自衛隊は憲法違反」という大きな看板を新しく作り替えました。

2010年にもう一つ滑走路がつくられ、民間の茨城空港が開港しました。民間空港とはいえ自衛隊の基地の中にあるので、管制や管理は自衛隊が行います。民間機は増設された滑走路を自衛隊の承認を受けて使っているのです。

あらためて碑を訪れました。東京駅から関東鉄道の茨城空港行き高速バスに乗って1時間40分で空港に着きます。迎えてくれた「百里基地反対同盟」の梅澤優さんの車で空港を半周し、両側をフェンスに囲まれた小道に入って角を何度も曲がります。迷路のような道は、基地の中に土地を持つ市民がだれでも通れる通路です。

滑走路が目の前に現れました。平和公園の一角に展望塔がつくられています。反対同盟が設置した大看板には「基地を拒み続ける意志」の文字と闘争の歴史が書かれています。基地を真上から撮影した特大の写真を見て驚きました。滑走路に飛行機を導く誘導路が文字通り「く」の字型に曲がっています。自衛隊はこの平和公園があるために直線にできず、やむを得ず曲げたのです。市民が強固な意志で立ち向かえば、国の政策を変えることができるのです。

滑走路に面したフェンスの手前に、9条の碑があります。碑の向こうの滑走路からヘリコプターが飛び立ち、空中に浮かんだまま静止するホバリングの訓練をしています。

滑走路の向こうの小高い丘の斜面に「自」「衛」「隊」「は」「憲」「法」「違」「反」と書いた大きな看板があります。一字が畳2枚分、ほぼ正方形の文字看板が8枚、等間隔で並びます。こんなに離れていてもはっきり見えるのだから、パイロットの目にはきわめて大きく見えるでしょう。

パイロットが右に目をやればこの大看板、左を見れば9条の碑が目に入ります。その間を縫って発着するのです。もちろん、民間機も。飛行機が発進するとき、右の乗客は「自衛隊は憲法違反」と読み、左の乗客は赤い9条の碑を観ます。

伊達さんがつぶやきました。「終戦の日、8月15日の午前中にも、ここから特攻機が8機、飛び立ちました」。あと数時間後なら、死ななくても済んだ命でした。

9条の碑の完成から2か月後、碑のわきに黒い御影石の銘板が取り付けられました。「農を生活の糧とし、平和を心の糧に天寿を全うしていった百里基地反対同盟の農民。六〇年以上の百里農民のたたかいを引き継ぎ、発展させるために『実行委員会』を結成し石碑を建立しました。」。その文字のあとに「百里・憲法九条の碑」建立実行委員会に参加した31団体の名前が刻まれています。そのトップが百里基地反対同盟です。

碑の建立に寄付をした賛同団体は130、賛同者は931人に上りました。賛同金の総額は368万8376円。予定をはるかに上回ります。

「百里になぜ9条の碑がなかったんだろう」といった栗又衛さんに、今の気持ちを聞きました。

「日々の生活に追われながらも『戦争のために土地は売らない』と頑固におおらかに闘って来た百里の農民の方達と40年前に巡り会いました。基地反対運動だけでなく、農業のこと、生活のことなどをうかがって、厳しい環境の中でも憲法9条を胸に筋を通す生き方に感銘を受けました。百里農民の多くは黄泉の国へと旅立たれましたので、その生きた証を大地に刻みたいと願っていましたが、『百里・憲法9条の碑』として結実することができて大変嬉しく思っています。高塚惣一郎さん、深谷喜八さん、宮澤昭さん、川井弘喜さんら百里農民の方々も、あの世で喜んでくれていることでしょう」と語ります。

信念を貫いた農民が亡くなっても、その遺志は百里の会のみなさんに引き継がれています。燃え立つような赤い石碑は、死してなお平和を叫び続ける農民たちの地下から噴き出るエネルギーの現れのように思えます。

3　神奈川県秦野市
石垣島の高校の同窓生が建てた

神奈川県にも人知れず憲法9条の碑がある、と人づてに聞きました。横浜や川崎などの都市部ではなく、県西部の丹沢山や箱根山に近い山間部の秦野市です。以前、「憲法九条の会・はだの」で講演をしたことがありますが、代表や事務局長など「長」と名がつく人がおらず、「みんなが代表」で議長も持ち回りでやり、会員のみなさんが伸び伸びと行動していました。開放感と連帯を感じさせる風土です。

秦野革新懇話会の事務局長、奥田勲さんが場所を知っているといいます。小田急線渋沢駅まで行き、そこから現地まで車で案内していただきました。奥田さんの仲間2人もいっしょです。2人も初めて碑を訪ねるのだそうです。

渋沢駅は快速急行に乗っても新宿から1時間10分かかります。駅から車で15分ほど、かつて農道だった住宅地の一角、周囲を家で囲まれた広場の隅に、黒御影石の四角い石碑がひっそりと立っていました。目立つのが白いハトのレリーフです。緑色の四葉のクローバーを口ばしにくわえて飛んでいます。その下に「日本国憲法」と大きく横書きで書かれ、9条の条文があります。

ハトがオリーブの葉をくわえる図はよく見ますが、四葉のクローバーは珍しい。ここにも既成の概念にとらわれない発想があるようです。碑は高さ93センチ、幅60センチ、厚みが25センチ。台座は白いコンクリートで高さが40センチあります。

建立者の名は「先島平和憲法九条を愛する同志」となっています。先島とは沖縄県の先島諸島でしょう。はて？　神奈川県になぜ沖縄にちなんだ9条の碑があるのでしょうか。しかも「同志」とは変わっています。何か、つながりが深い人々の集まりのようです。

碑を建てた市内の玉城義淳さんの家を訪れました。3階建ての大きな住宅の呼び鈴を押すと、出てきたのはパジャマ姿の玉城さんです。左腕には血管をふさぐテープが2か所貼ってあります。腎臓の病気のため人工透析を定期的に受け、今も自宅で療養中なのです。

なぜ「先島」で、しかもなぜ「同志」なのか、まずうかがいました。玉城さんは沖縄県石垣島の出身です。1941年3月、日本にとっては第2次世界大戦が開戦した年の生まれで、私が訪れたときは83歳でした。

先島とは宮古列島、八重山列島さらに尖閣諸島などを含めた島々です。石垣島は八重山列島で最大の島です。沖縄県の一部ですが、地元では沖縄より先島への帰属意識が強いのです。先島諸島は沖縄本島の琉球王国に属さず、独自に発達した歴史がありました。

玉城さんは石垣市の県立八重山高校に進みました。このときの同期生の結束が固く、とりわけ本土にわたった同期生たちは助け合い、毎年のように「同年会」を開きました。関東だけでなく九州や沖縄にいる弁護士らも含め10人くらいです。

数年前の同年会のさい、辺野古の埋め立て反対の抗議行動が話題になりました。「沖縄はがんばっている。本土にいる我々も抗議しよう。平和の大切さを主張しよう。みんなで資金を出し合って9条の碑をつくろう」という話になりました。「仲間の間で9条は平和のメッセージと見られています」と玉城さんは語ります。

住宅地にひっそりと立つ9条の碑と筆者

玉城さんが「碑を建てるのにちょうどいい1坪ほどの土地を持っている」と話すと、直ちにこの場所に決まったのです。デザインでは「ハトを入れよう」という声が出ました。玉城さんは市内の石屋さん、守屋徳一さんに9条の碑の制作を頼みました。守屋さんはインターネットでハトの図案を検索しました。もっと独自のものにしたいと考えたところ、問屋さんがハトが四葉のクローバーをくわえる姿を提案し、それを採用したのです。

石碑の横側に「建立　二〇二一年」と彫ってあります。でも、玉城さんは正確な日時を覚えていませんでした。制作した守屋さんに確かめると、帳簿をくって「見積書の日付が5月19日になっています。そこから考えて建立は6月か7月でしょう」といいます。

玉城さんは終戦の年、4歳でした。石垣島では凄惨な地上戦はなかったものの、空爆のたびに防空壕に駆け込みました。海に落ちた米軍機の残骸が浜辺に打ち上げられました。戦時中、石垣島の住民は軍の命令でマラリアの蚊がひそむジャングルに移住を強いられました。このため多くの人が死にました。「戦争マラリア」と呼ばれます。天然痘も広がりました。玉城さんの一家は無事でしたが、知人に多くの死者が出ています。

玉城さんは戦後、那覇で商事会社に勤め、組合をつくったため解雇されました。当時は瀬長亀次郎さんたちといっしょに沖縄返還、米軍撤退の運動をしたのです。那覇から辺野古までデモ行進をしたこともあります。

25歳のとき、本土復帰前の沖縄から神奈川県にわたって不動産業を始め、成功しました。沖縄での組合活動、本土に来てからも沖縄差別と闘う中で、同期会の仲間たちが結束しました。このため「同志」という呼び名がごく普通に口をついて出てくるのです。

石垣島の小高い山の頂上には2023年、ミサイル基地が完成しました。多数の自衛隊員が駐屯し、いつでもミサイルを飛ばせる態勢です。でも、ミサイルを飛ばせばミサイルで反撃され、石垣島全体がウクライナのような悲惨な目に遭うでしょう。

地元の人たちは不安がって「戦争になったら私たちはどうなるのですか?」と自衛隊に聞きに

行きました。その答を聞いて島の人は驚きました。自衛隊側は「自衛隊の役割は国を守るのであって、島民を守るのは自治体の役割です」というのです。自衛隊は島民を守るために島に来たのではないのです。

たしかに自衛隊法には「自衛隊の任務は日本の平和と独立を守ること」と書いてあります。有事法制として2004年に成立した国民保護法には、外国から武力攻撃を受けた際に住民の生命・財産を保護する中心になるのは自治体となっています。軍隊はけっして市民を守るためにいるのではありません。

これについて玉城さんは「石垣島がミサイル基地化したことは許しがたい。まるで戦前の軍隊が集結したのと同じようなことが現に起きている。米国とのつながりで日本が基地にされてしまった。小さな運動を積み重ねて、みんなの意識を変える必要がある」と話します。9条の碑について「平和を求める主張です。これを見てみんなが9条に書かれたことを心がけるようになればいいなあと思います」と語りました。

玉城さん宅を辞したあと、奥田さんと話しました。奥田さんは薄いメモ帳のようなものを取り出しました。表紙に「憲法」と書いてあります。日本国憲法の全文と地方自治法の抜粋が載っています。1990年代に東京・世田谷区の都議会議員が出版した日本国憲法の小冊子でした。奥田さんは世田谷区の高校で教師をしていたさいに手に入れ、以来、肌身離さず持ち歩いているのです。

奥田さんは東京私立学校教職員組合連合（東京私教連）の副委員長を務めていました。今は革新懇の運動や全日本年金者組合秦野支部の委員長もしています。「ぜひ地元のみなさんに9条の碑を観てほしい。素晴らしいものがあることをみんなに知らせたい」と話します。碑を観た仲間から「碑を拓本にとって床の間に飾りたい」という声が上がりました。

秦野市は神奈川県でただ一つの盆地で、富士山の火山灰層が深さ100メートル以上も積もっています。鹿児島県の桜島一帯と似ているため、鹿児島で盛んなタバコ栽培を取り入れて発展しました。今でも「秦野たばこ祭」は市内最大の観光イベントです。

昼過ぎに訪れたけれど、帰りがけはもう夕暮れでした。はるか向こうに巨大な山容がくっきりと見えます。富士山です。頂上付近がうっすらと冠雪しています。夕陽に照らされた姿はどっしりとして、とても美しく感じられました。

4　千葉県佐倉市
「平和の鐘」とともに

石碑がほとんどの「9条の碑」ですが、東京・足立区のステンレス製や東京・杉並区の「9条の家」などさまざまな形があります。千葉県で初めて2025年2月にできた「9条の碑」は、鐘がついていて音も出ます。鳴り物入りの「9条の碑」は初めてです。

碑を建てようと言い出したのは、佐倉市に住む萩原陽子さん。全国の「9条の碑」の中には個人で碑を建てた人がいるのを知って、「あ、私でもつくれるんだ」と気づきました。組織に呼びかけるのは大変だけど、自分一人ならやれそうだと思ったのです。

京成佐倉駅から歩いて2分の佐倉市宮前3丁目に「ひだまり」という建物があります。萩原さんが亡くなった夫の退職金をつぎこんで、15年ほど前に建てました。一人で食事できるお食事処として出発し、今は歌の集いや絵手紙を描く会など、地域の住民が集う場になっています。地域の農家が育てた野菜を産直販売し、地産地消を目指しています。その建物の一画に9条の碑を建てようと考えたのです。

最初は型通りの石碑を思い浮かべました。しかし、碑を建てる場所が道路に面し、しかも中学生や高校生が近くの運動公園に向かって通る道筋です。萩原さんの息子が「石碑だったら、いまどきの若者は観ようとしないよ」といいます。そして「石碑ではなくて噴水にしたら」と案を出しました。いかにも若者らしい発想です。噴水はちょっと突飛ですが、石碑が若者には受けないという意見はうなずけました。石碑に替わって若者の目を引くものは何かと考えました。

萩原さんは佐倉市の市議会議員をしていました。佐倉市には平和条例があります。戦後50年にあたる１９９５年、市議会は市が「非核平和都市宣言」を行うよう決議しました。これを受けた市は「日本国憲法の基本理念である平和の精神にのっとり、市民のみなさんの平和で安定した生活の維持に努め、非核三原則を守り、世界の恒久平和達成のために平和都市宣言を含めた条例」を制定したのです。

平和といえば…と萩原さんが思いついたのが鐘です。教会の庭で鳴らすようなベル。インターネットで検索すると、公共施設や教会などに鐘のモニュメントを建てる会社が見つかりました。鐘は銅製で20～30年たっても劣化しないといいます。これがいい！

どんなデザインにするか、担当者と話すうちに具体化しました。鐘を吊るす２つの金属の柱の間にステンレスのプレートを渡し、そこに憲法９条を刻むことにしました。鐘の本体に「戦争しない　憲法が希望」と浮き彫りにしよう。文字は「ひだまり」で習字を教えている書道家で九条の会の会員でもある松本アイ子先生に書いてもらおう。鐘はそのままなら金ピカだけど、古びた色合いが好きなので、青緑色にしよう。柱も同じように深緑色にしよう。アイデアが広がりました。値段はベル本体が70万円で、周囲の柱や取り付けの費用を含めて全部で143万円です。

この話を、萩原さんが参加している佐倉九条の会の仲間に話すと「全面的に賛成する」といわれ、個人でなく佐倉九条の会としてつくることになりました。萩原さん自身、佐倉九条の会の会計を担当しています。組織でやると大変だけど、平和を願う多くの仲間や友人から「九条の碑に参加しやすくなって嬉しい」といわれました。

平和の鐘を鳴らす萩原陽子さん（右）と松本アイ子さん

鐘を吊るすスチールの柱の高さは台座を含めて1・95メートル。2つの柱の上にはとんがり帽子のような三角形のパイプをつけ、全体の高さは2・4メートルになります。

鐘はイタリア製で直径30センチ。柱に渡したステンレスの銘板は縦30センチ、横60センチです。地面から銘板の中心部までは95センチで、ちょうど子どもの目に真っすぐ入る高さです。鐘から鎖を垂らし、それを引けば鐘が前後に回転し、カランカランと大きな音が流れる仕組みです。

萩原さんは2024年4月、私といっしょに行くコスタリカへのスタディ・ツアーに参加しました。日本と同じく平和憲法を持ち、日本と違って本当に軍隊をなくした中米の国です。萩原さんにとって、とくに印象的だったのは専門学校を訪れたことでした。生徒会の選挙の際に生徒自身が選挙管理委員会をつくって運営します。生徒会長に立候補する人はそれぞれ政党をつくって政策を出します。その政策によって選ぶのです。人気投票ではありません。小学校からこのような仕組みで選挙をしているのです。「日本でも子どものころからこうすれば、国の選挙で投票率は上がる」と感心しました。

私が佐倉市を訪ねたのは碑の完成から1か月後の3月でした。都内から京成線に乗って京成佐倉駅に向かい約1時間、あたり一面に田が広がります。江戸時代の義民、佐倉惣五郎を思い出しました。重税にあえぐ農民を救うため将軍に直訴し処刑された伝説が残っています。

京成佐倉駅に着き、北口を出ました。ふと駅舎を振り返ると、駅の正面看板に桜の花びらが描かれ「京成桜駅（京成佐倉駅）」と書いてあります。3月の桜の時期になると、佐倉市は「桜市」と表記し、駅の名前もこのように変えるのだとか。なかなか粋ではありませんか。

駅前のゆるやかな坂を歩いて上ると、「ひだまり」の看板が出た2階建ての家が右手にあります。道路に面してひときわ目立つのが青緑色の鐘。ステンレスの板には「日本国憲法　第9条」と条文、さらに「佐倉・九条の会」と刻んであります。目指す9条の碑です。せっかくですから。鐘を鳴らしてみました。思いのほか大きな音です。近所迷惑にならないかと心配するくらいですが、ご近所のみなさんは寛容なようです。

駅の南口を出て15分ほど歩くと、佐倉城の跡に国立歴史民俗博物館があります。日本の歴史を生活文化の観点から探る展示で見ごたえがあります。歴史博物館といえばともすれば支配者の権威を示す展示ばかりですが、こちらは庶民の感覚です。祭りやまじない、各時代の食べものなども見られ、私たちの祖先がどんな生き方をしてきたのかを知ることができます。9条の碑とともに、ぜひ訪れたい場所です。

「9条の碑」は京成線の佐倉駅から岩名運動公園に向かう、駅から歩いて3分ほどの場所にあります。公園への行き帰りに人が通ります。佐倉マラソンのおりにはたくさんの人々が走ります。みなさんが碑に目をとめるでしょう。子どもたちは喜んで鐘を鳴らしそうです。

〈東北・北海道〉

1 宮城県塩竈市
民医連の記念事業第1号

宮城県の名勝、松島をはるかに望む仙台湾に面して、塩竈市があります。塩釜とも書きますが、「竈」は「釜」を置くかまどのこと。意味が違います。湾に面した山の中腹にある坂総合病院附属北部診療所の入口に「9条の碑」があります。東北で初めて、かつ現時点では東北で唯一の「9条の碑」です。完成したのは2023年10月でした。

建立を思いついたのは診療所長の宮沼弘明さんです。北部診療所は無差別・平等の医療と福祉の実現をめざす全日本民主医療機関連合会（民医連）に加盟し、医療活動に加えて平和活動も盛んに行っています。2023年には憲法を守る署名運動を進めました。しかし、署名だけではなかなか運動は広がりません。何かほかに方法はないかと考えました。そんなとき、同じく民医連に加盟する京都府舞鶴市の診療所に「9条の碑」ができたという記事を目にしました。「これをうちでも、ぜひやりたい」と思ったのです。

舞鶴の碑に刺激されたのは宮沼さんだけではありません。実は民医連の全国組織がそう考えました。１９５３年に創立した民医連は、２０２３年に創立70周年を迎えました。綱領に「一切の戦争に反対し」と書き憲法9条を守ることを大切な課題としています。そこで70周年の記念事業として、傘下の病院が「９条の碑」を建てるなら10万円を助成することにしたのです。北部診療所は、その記念すべき第1号です。

宮沼院長はすぐに事務長の湯田正孝さんに相談しました。湯田さんも乗り気です。患者や地域の人たちでつくる「友の会」のメンバーも含む運営委員会にはかると、運営委員会をそのまま「北部診療所九条の碑建立する会」にして建立を進めることになりました。

市内の片平石材店に見積もりを出してもらうと１００万円を超します。「これは大変だ。１００万円も集まるのか」と不安になりながら、チラシをつくって１口１０００円で募金に取り組んだのです。一方で石材店に値引き交渉をし、税込みで98万５２８０円という、スーパーの大売り出しのような価格にまけてもらいました。しっかりしています。

診療所では訪問診療を行っています。付近はもとは漁師町です。60歳でも若いといわれるほど高齢化率が高く、坂道が多くて通院が大変。その分、医師や看護師が坂道を歩いて在宅で患者を診ています。訪問先で患者や家族に署名運動とともに碑の建設への協力を呼びかけました。診療所の職員も手分けして地域をまわりました。患者の多くは「子どもや孫の世代に戦争があっちゃならない」と募金してくれました。反応は思いのほか良く、目標金額を超える１２０万円以上が集まりました。

職員の一人は「自分の税金が戦費に使われることを思うと、石碑の建立に寄付し戦争反対を表明したい」といって寄付しました。募金に応じたのは診療所の職員や患者、薬局、介護施設の人たち、さらに他の診療所も。個人で１２３件、団体は15件にのぼりました。募金を進める中で全日本民医連が70周年記念事業で「９条の碑」に助成金を出す方針を出したため、さっそく申請したのです。

碑は縦90センチ、横は1メートルです。デザインは言い出しっぺの宮沼所長が考えました。周囲は自然石風にして正面を黒の御影石にし、そこに白い文字で憲法９条を彫るのです。書体も宮沼さんが考えました。

碑の裏面には10口以上の募金協力者の名を刻むことにしました。個人で46人、団体は14です。名前を入れる際に文字のバランスを取るのが難しく、見やすく美しい位置取りを工夫しました。個人の名前の中に「佐藤秀幸」とあります。診療所の看護師、佐藤真貴子さんが「未来に生きる人に平和を考えてほしい」と子どもの名を入れたのです。

除幕式を行ったのは２０２３年10月21日、国際反戦デーの日です。「建立する会」をつくったときから、この日を除幕式の日と決めていました。平和に思い入れがあったのです。式は診療所の大ホールで行いました。生協の店舗を改築したもので、診療所としては思いがけないほど広いのです。

土曜日で診療所は休みです。職員は家族連れで来ました。坂総合病院の冨山陽介院長や関係団

ポストカードになった診療所前の9条の碑（北部診療所提供）

体の人たちも含め46人が参加しました。宮沼所長が建立の経過や平和への思いを語り終えると、みんな外に出ました。碑を覆う白い幕から両側に伸びる紅白の綱を宮沼所長や友の会事務局次長の中川邦彦さんが先導し、職員や友の会会員の子ども、孫たちと引きました。記念品も出ました。患者が経営する和菓子屋がつくった紅白の饅頭と9条の碑の写真です。写真にはスタンドもつけたので、自宅に飾っている人もいるでしょう。お祭りのような楽しさです。

碑ができて1年以上たっても、碑の存在は新鮮です。診療所の入口にあるため、だれもが碑を見て入ってきます。診察のさいも「いいものをつくりましたね」と話題になります。「今からでも募金したい」という患者もいます。

宮沼所長は「この碑を見ることで9条をあらためて認識してほしい。9条を知らなかった人にはその意味を考えるきっかけになってほしい」と語ります。「東北で初めての碑です。小さな地方都市から平和を守る意志を発信したい」とも。実際、この碑を見ようとあちこちから人が来ます。仙台などほかの病院でも9条の碑をつくろうと声が上がっています。

診療所からさほど遠くないところに古い歴史を誇る塩竈神社があります。奥州一ノ宮として航海の安全や安産の神様として知られます。境内には桜の古木が並びます。中でも名品といわれる「シオガマザクラ」は、花弁が約40片からなる大輪の八重桜です。昭和15年に国の天然記念物に指定されました。神社の紋もシオガマザクラです。参道のわきには御所桜や三隅大平桜など貴重な桜の品種が植えられています。

平和な世でなければ、花見もできません。自然の美を愛でつつ、平和を保つ努力を身近なところからしていきたいものです。

2　北海道小樽市
多喜二の育った街で人権を訴える

北海道小樽市の団体職員、北田健二さんが医者の宣告に衝撃を受けたのは２０１８年の暮れでした。体調不良で検診の結果、膀胱がんと診断され、しかも悪性だというのです。死を覚悟しました。入院の日々、これまでの人生をあらためて振り返りました。

生まれたのは終戦の翌年、１９４６年10月です。８人姉弟の２番目。終戦直後の子だくさんの家だけに食糧を調達するのが大変でした。生活保護を受け、幼いときから貧乏の苦しさの中で育ちました。中学を卒業すると近所の菓子工場に勤めました。初任給は３０００円です。必死に働きました。組合活動をする上司からしっかり勉強しろと励まされ、社会問題に目覚め貧困や格差について考えるようになりました。

厳しい人生でしたが、勉強だけは続けました。60歳の退職を機会にパートで働きながら夜間高校に4年通い、さらに小樽商科大学に入学して6年かけて卒業したのが、がんを宣告された年の3月です。このとき72歳でした。

思えば、生まれた直後に日本国憲法が生まれたのでした。自分の人生が憲法と重なります。70

年以上にわたって戦争のない平和な時代を送れたのは憲法9条があったからだという気持ちがこみ上げました。「人生丸ごと、9条に生かされてきた」と思いました。このまま死んだら子や孫に何を残せるだろうか。財産などない。平和で暮らせる世の中を残したいと思った時、9条の碑を建立しようと決意したのです。

娘はイスラエル人と結婚し、20年前からイスラエルに住んでいます。2023年のガザをめぐる虐殺の前ですが、パレスチナ問題をめぐって周囲のアラブの国との中東戦争は4回起き、空爆もありました。新築する家には核シェルターを取り付けなくてはなりません。娘の一家は孫が3人いて、空襲のたびにシェルターに入る生活が続きました。シェルターに入った小学校5年生の孫が「お母さん、戦争のない日本に行きたい」と訴えたそうです。もし日本で9条がなくなり、日本が戦争する国になったら孫に申しわけない、という思いもありました。

このとき北田さんは治安維持法犠牲者国家賠償要求同盟の小樽支部の事務局長をしていました。戦前の悪法、治安維持法によって逮捕、収監された人々への国家賠償を国に求める組織です。その小樽支部長で、北田さんの結婚の仲人をしてくれた寺井勝夫さんに相談すると、大賛成してくれました。知人の石屋さんに制作を依頼し、碑に書く憲法9条の文字は寺井さんが揮毫してくれました。

完成した碑は中国製の黒の御影石で縦77センチ、幅92センチ、幅が10センチあります。前面には白い文字で「第九条　戦争の放棄　戦力及び交戦権の否認」と書き、そのあとに9条の条文と

「昭和二十二年五月三日　施行」と締めくくってあります。裏面には「建立　治安維持法犠牲者国家賠償要求同盟小樽支部　北田健二　二〇一九年十月」、さらに「揮毫　寺井勝夫」と彫ってあります。

碑の場所は北田さん宅に隣接した空き地です。碑の基礎は息子さんが工事をしてくれました。個人で建てたものですから除幕式などはせず、自宅で同盟の幹事会をしたとき仲間にお披露目をしました。

人権を訴える北海道で初の9条の碑（北田健二さん提供）

２０２３年９月19日には「憲法９条の碑を守る会」を結成しました。そのさい９条の碑の前で北田さんは、参加者に呼びかけました。「戦前のような社会に戻そうとする風潮が強くなる中、改めて平和憲法に立ち返り平和な社会をつくる力になりたいという思いが全国に広がっています。私は、憲法９条はいっさいの軍備を禁止することで、戦争の放棄という理想を極限までおしすすめ、平和理念の具体化として国際的にも先駆的な意義をもっていると考えています。とくに2015年9月19日、8年前の今日、安倍政権の下で、それまでの政権の『専守防衛』の立場を投げ捨て『先制攻撃』へ、国民の反対を無視し安保法制が強行採決され大きく右旋回に舵を切り大軍拡に進む中で、憲法9条の重みがあるのではないでしょうか。いま、憲法9条を守り、大軍拡を止め、9条を守り生かすことがこれまでに増して大事です」

急に雨が降り出し、用意していた天幕でそれぞれが自己紹介しながら9条への思いを語りました。樺太からの引き揚げ者や父親が先の戦争で戦死した人もいます。最後に憲法9条を参加者全員が音読し、9条の碑を広く訴えていくことを確認しました。

2024年の9月19日にも9条の碑の前で9条の碑を守る会の集会を行いました。北田さんは「9条を守り生かす政治へと、同じ時代を生きた人間として、微力であろうとできることをしようと思うのは自然な流れです。今日は『暗黒政治を許さない』『9条を守り生かす』ことを誓う新たな決意の日にしましょう」と訴えました。

北田さんは10代のころ、同じ小樽で育ったプロレタリア文学の小説家、小林多喜二の『蟹工船』を読んで格差社会の存在に気づきました。それからは多喜二の著作をむさぼるように読み、とりわけ小樽で発生した「3・15事件」と呼ばれる1928年3月の共産党関係者の大弾圧を題材にした『一九二八年三月十五日』は身近に感じて精読しました。

多喜二が学んだ小樽高等商業学校は、北田さんが通った小樽商科大学の前身です。多喜二との因縁は深い。「多喜二にあこがれて育った、といってもいいほどです。多喜二の育った小樽に9

条の碑がないことに気づいたのも、9条の碑を建てようと思った動機です」と話します。

多喜二は1933年に特別高等警察に逮捕され、東京の築地警察署内で拷問の末に虐殺されます。しかし、治安維持法で起訴されたのは多喜二だけではありません。北田さんは多喜二のほかにも治安維持法の犠牲者が多数いたことを知り、まだ生きていた被害者の遺族に会って当時の話を聴きました。戦争反対の一点で生涯闘った人がいることに感銘を受けたのです。そこで治安維持法犠牲者国家賠償要求同盟の活動をするようになりました。それらの人々を国賠同盟小樽・後志支部発行の「不屈」で紹介してきました。

小樽市の奥沢墓地には多喜二の墓があります。1930（昭和5）年、多喜二が27歳のときに亡き父の墓を建てようと母親に送った著作の印税で建てられたものです。ここで多喜二の没後70年、生誕100年にあたる2003年2月20日、多喜二の墓前祭が行われました。主宰した多喜二祭の実行委員長が、9条の碑を揮毫した寺井勝夫さんです。丘のいちばん上にあり雪に埋もれていた墓をきれいにし、墓前に捧げる赤いカーネーションを120本用意しました。でも、麓から雪を踏みしめて登って来る参加者はもっと多く、数が足りなくなったほどです。

墓前で終始流れたのはベートーベンのバイオリン協奏曲2楽章でした。多喜二が日比谷公会堂で最後に聴いたメロディーです。寺井さんは「戦前の暗黒時代に治安維持法下の暴圧にひるまず、虐げられた人々の解放と反戦・平和のために不屈に闘い拷問死した多喜二。世界の情勢が緊迫する中で、彼の文学と生涯をあらためて振り返り学ぶことが大切です」と述べました。

北田さんは小樽多喜二祭実行委員会のメンバーです。２０２４年6月には墓前祭だけでなく、市民による構成劇「2月20日――小林多喜二のお母さんへ」を上演しました。墓前祭に参列した治安維持法犠牲者国家賠償要求同盟北海道本部の横山事務局長は「今年は治安維持法ができて１００年、賠償要求同盟ができて50年になります。国はひどい歴史の事実を後世に伝え反省すべきです。再び戦争と暗黒政治が繰り返すことは許さない。命ある限り、力を尽くしたい」と語りました。

治安維持法は左翼思想を取り締まるため１９２５年に制定された市民を弾圧する法律です。最高刑は死刑で、当時の政府はこれを悪用して政府に批判的な人々を弾圧しました。終戦後の１９４５年10月にようやく廃止されましたが、その犠牲者に対する補償はなされていません。

２０１９年夏に受けた手術が成功し、「5年以内に再発しなければ大丈夫」と医者からいわれた北田さんですが、５年が過ぎ、元気です。70歳を超えても地元の赤岩町会の会長をし「防災講話」、「健康セミナー」の開催など頑張っています。

憲法９条は単に「平和」を訴えているのではありません。人権が保障されない平和は平和の名に値しない。誰もが安心して自由に意見を述べ活動できてこそ平和といえるのです。小樽の９条の碑は、とりわけ基本的人権を訴えているようです。

碑の場所は小樽市赤岩2丁目15番、赤岩北公園隣です。

3　北海道室蘭市
戦争のない世界を目指す憲法ツインズ

「鉄の街」と呼ばれる北海道室蘭市には、港の一帯に日本製鉄や日本製鋼所など鉄に関連する工場が並びます。港を見下ろす高台の海岸町に黒い御影石の石碑が立ちます。白字でくっきりとした横書きで「恒久平和」と彫られた文字の下に「日本国憲法　第二章　戦争の放棄」として刻まれた9条の条文。憲法9条の記念碑です。

白い台座には不思議なデザインのレリーフがはめ込んであります。鬼が子どもたちを飲み込むように見えますが、沖縄の守り神シーサー（獅子）です。制作したのは沖縄県読谷村の反戦彫刻家、金城実さん。幼いころ体験した沖縄戦では戦火を避け、ガマと呼ばれる洞窟に隠れました。そこから連想して「子どもたちを戦場に送るな」をテーマに、逃げ惑う子どもたちをシーサーが口の中に入れて守る様子を表現したのです。

碑の高さは、台座を含めると2・3メートル、幅は70センチで見上げる大きさです。碑の上がギザギザになっているのは、港の向こうに見える標高911メートルの鷲別岳、市民から「室蘭岳」の愛称で親しまれる山の姿をかたどったのです。

石碑の後ろに回ると、台座には「憲法九条に託す」の文字の下に大人の手形が5つ並びます。さらに台座の横のプレートには「ふたつの碑がめざすものはただ一つ戦争のない世界です」と書いてあります。

「ふたつの碑」というのは、もう一つ、「室蘭平和都市宣言の碑」をつくったからです。こちらは市内みゆき町の輪西公園の中にあります。白い台座の上に鉄でつくったモニュメントです。見る角度によって折り鶴や羽ばたくハト、炎などに見えます。碑の名前は「いのりのかたち」。室蘭に住む若き彫刻家、坂本正太郎さんの作です。「兵器にもなる鉄を使って平和を訴えたい」という思いを込めて制作しました。そう、鉄は使い方によって武器にもなれば生活の道具にもなります。

こちらの台座には「室蘭平和都市宣言」の全文と、「私たちの未来を」の文字の下に子どもたちの手形を並べた陶板が取り付けてあります。手形は13個あり「きょうか」「ゆうや」など手形を押した子どもの名も添えられていてほほえましい。2つの碑の手形は、大人から子どもへと平和な世界を手渡す意味を込めました。

両方の碑を建てたのは「憲法九条の碑をつくる会」です。2つを合わせて「憲法九条ツインズ」と呼びます。

室蘭の市民は実に果敢です。2004年に米国がイラク戦争を起こし、日本政府がイラクに派遣した自衛艦2隻が室蘭港に入港しようとすると、反対する市民が釣り船で海上デモをしました。井上ひさしさんや大江健三郎さんら9人が呼びかけて「九条の会」が発足する4か月前のことです。

「九条の会」にも室蘭ではすぐに反応し、佐高信さんを招いて講演会を開きました。集まったのは520人も。平和憲法を守る継続的な活動のためネットワークをつくろうという声が出て、早くも1か月後に「憲法を守る室蘭地域ネット」が発足しました。翌年から毎年、春と秋に憲法集会を開き、繁華街で街頭行動をしています。

沖縄との連帯を示す室蘭の9条の碑
（憲法九条の碑をつくる会提供）

行動の中心になった一人は室蘭地域ネットの代表、増岡敏三さん。信念を貫く闘士で、昭和天皇の戦争責任について新聞からコメントを求められ「あると思う」と答えました。米屋をしていた増岡さんの店の前に右翼の街宣車が6台来て「売国奴」と大音響で怒鳴り、嫌がらせの電話が相次ぎました。それでも屈しなかった。「『赤い米屋』と呼ばれるようになった」と笑います。主義主張を越えて住民が信頼を寄せ、地元のライオンズクラブの会長にもなりました。会長時代も日の丸に礼をせず君が代も歌わなかった硬骨漢です。

もう一人は「室蘭シネマクラブ」の代表、富盛保枝さん。「標的の村」「二重被爆」「誰がために憲法はある」など上映活動をしました。あのイラク戦争派遣の自衛艦への反対デモのさい、陸上のデモを仕切ったのが増岡さんで、海上が富盛さんです。

この二人に加え、憲法やパレスチナの問題を全国で講演する室蘭工業大学教授の清末愛砂さんも賛同者です。専門は法学ですが平和研究の第一人者。世界で最初に平和学を始めた英国ブラッドフォード大学の大学院で修士課程を修了した方です。勇敢さと現地主義が信条で、パレスチナの西岸地区でイスラエルの占領に対する抗議デモをしイスラエル軍に撃たれて負傷した経歴を持っています。

「憲法九条の碑をつくる会」が発足し、「9条の碑を建てよう！　市民のみなさんへ」という呼びかけを具体的に始めたのが2021年7月でした。「安保法制」が成立し自衛隊が戦争のために海外に行けるようになったのに強い危機を感じたのです。呼びかけ文で「9条を言葉だけでなく実のあるものにしなければ『平和力』は失われていく。誇りある憲法9条を身近に引き寄せ、私たちの暮らしの中に活かそう。『9条の碑』を子どもたちへの『希望のおくりもの』にしませんか」と訴えました。

「室蘭憲法九条の碑をつくる会」は富盛さんと、市内でフェアトレードの店を経営する大谷ゆかりさんの二人の女性が共同代表です。事務長の高木稔さんは室蘭健康友の会の事務局長で、明るい性格でみんなをまとめます。

室蘭市には市長と市民が意見交換する「ｅｎ（えん）トーク」という仕組みがあります。「つくる会」はここで市有地に９条の碑を建てたいと訴えました。しかし、市の反応は鈍く、結局は市が所有する空き地の一坪を購入し、会の土地として建てることにしたのです。

碑のデザインで、増岡さんは沖縄にこだわりました。平和憲法から一番遠いところにいるのが沖縄です。県民の意思を否定され植民地状態が続いている沖縄の現状には、それを許している私たちに責任がある、抵抗を続ける沖縄県民に学ぶべきだという考えからです。

増岡さんは10年以上にわたって沖縄に通い、辺野古の座り込みに参加しました。室蘭に９条の碑を建てたいという増岡さんの思いの原点に沖縄があるのです。そこで友人である沖縄の反戦彫刻家、金城実さんのレリーフを９条の碑にはめ込むことを考えつきました。

一方で会の中から「鉄の街」室蘭の特色を活かし平和につなげる碑をつくりたいという声も出ました。そこでもう一つの「平和の碑」をつくることになったのです。こちらは市の平和宣言を記念する内容なので、市も受け入れました。市の公園の中に「九条の碑をつくる会」が碑を建立し、市に寄贈したのです。

除幕式を行ったのは「平和の碑」の方が早く、２０２３年８月15日でした。大谷ゆかりさんが

「戦争は最大の環境破壊です。未来の子どもたちが安全で幸せな社会、安全に成長できる社会であってほしいという願いを込めました」と語りました。

室蘭栄高校1年の長井悠さんと東明中学3年の片岡蒼佑さんが綱を引くと、天に羽ばたく形の碑が現れました。大谷さんから目録を手渡された青山市長は「戦争の記憶を風化させてはならない。恒久平和が市民に広がることを願います」と話しました。

一方、「九条の碑」の除幕式を行ったのは3か月後の11月3日、憲法公布の日です。彫刻を制作した金城さんも沖縄から飛んできました。100人ほどの参加者を前に金城さんは「1945年から27年間、私たち沖縄の県民は米軍の統治下に置かれ、理不尽な扱いを受け続けました。だからこそ、憲法9条がある日本に早く帰りたいと思い、血と汗を流して祖国復帰の運動に取り組みました。戦争の歴史と縁の切れない街である室蘭に『憲法九条の碑』が建ったことは本当にうれしい」と語りました。

増岡さんは「室蘭に生きる人間として、戦争によって被害者も加害者も生み出したくないという思いを強く持っています。ここ10年ほどの政治の動きを見ると、憲法9条の理念がないがしろにされているように感じます。碑が、室蘭の人たちが平和について考えるきっかけになってほしい」と切々と語りました。

増岡さんが室蘭と戦争を強調したのには理由があります。室蘭には戦時中、大規模な軍需工場があり高射砲などの兵器を造っていました。終戦の1か月前、1945年7月15日に米海軍の戦艦3隻が工場群に向けて巨大な砲弾860発を撃ったのです。485人が死亡し、うち大半の439人は非戦闘員です。

当時は1852人の中国人が大陸から連行され、室蘭の5つの事業所で強制労働させられました。重労働と栄養失調のため3割を超える人々が死亡し、火葬されないまま浜に埋められた死体もあります。戦後に遺体、遺骨が発掘されて慰霊祭が行われました。

除幕式でNHKの取材に答えて増岡さんは「憲法九条の碑を励みにして、私たち市民が安心して暮らせる平和な街を目指したい。今の日本の状況に大変な危機感を抱いています。碑は室蘭としての第一歩なのです」と語っています。

碑が完成したあと「憲法九条の碑をつくる会」は「平和のかけはしプロジェクト」と名を変え、9条の碑の維持や管理、多方面から平和を実現する活動に取り組んでいます。

共同代表の大谷さんは今、こう語ります。「憲法9条の碑が全国各地で増え続けている現状に、切実な意味を感じています。ウクライナ戦争やパレスチナで繰り返されるジェノサイド、人類の危機といわれるこの悲劇を目の当たりにし、その痛みを共有する私たちには、今こそ何ができるのか、真剣に考えさせられます。このような日々の中で改めて憲法9条が掲げる『戦争をしない国』という崇高な理想に立ち戻るべきだと切に思います。憲法9条は私たちが世界に誇るべき、この国のかけがえのない宝です」

室蘭平和都市宣言の碑（憲法九条の碑をつくる会提供）

第2章　中部地方

〈東海〉

1　愛知県西尾市
可愛いお地蔵様

愛知県に初めて憲法9条の記念碑が完成したのは2023年10月21日です。名古屋市ではなく、県南部の三河地方で海に面している西尾市です。碑を造った元教員の大嶽昇一さんに電話すると「ここは限界集落です。新幹線の豊橋駅から2～3時間かかります。JR蒲郡駅まで来てくれたら、私が迎えに行きます」といわれました。

駅で待っていた大嶽さんは真っ黒に日焼けして、頭に手ぬぐいを巻いた小柄な男性です。車は作業用の軽トラック。ついさっきまで農作業をしていた風です。蒲郡駅から国道247号をひたすら西南へ。野球場やキャンプ場を過ぎ、出発して20分ほどで小道に折れます。国道から100mほど入った市道わきに大嶽さんの家がありました。限界集落というほどではありませんが、たしかに遠い。

市道に面した庭に、真っ白なお地蔵さんが両手を合わせ、ピカピカの御影石の上に座っています。台座の中央に大きく「和」、右に「反戦・反核」そして左に「憲法九条の精神を」と彫ってあります。お地蔵さんの9条の碑は初めてです。

なぜ、お地蔵さんなのでしょうか？「平和を願うし、身近に思えるから」と大嶽さん。彫ったのは莫高窟で名高い中国・敦煌の石工さんでした。大嶽さんが敦煌に旅行した時の友だちです。「お地蔵さんの制作」を注文すると、中国風の目が吊り上がったデザインが届きました。日本風の穏やかな水平の眼に修正して納得いく作品にしたのです。穏やかでいい表情です。ちゃんちゃんこを着て、ぶ厚い座布団の上に座っています。

なぜ9条の碑を建てようとしたのでしょうか？ きっかけはアフリカのスペイン領カナリア諸島にある憲法9条の碑を観たことでした。ピースボートに乗って訪れたそうです。ん？ もしや…と聞くと、私と同じ船に乗っていたのでした。当時のピースボートには、この島に9条の碑があるという知識がなく、乗船者がそれぞれ自力で碑を観に行ったのです。大嶽さんも私も同じように自分で探して碑に行きついたのでした。

お地蔵様の9条の碑と大嶽さん

記念碑の除幕式をした10月21日は国際反戦デーです。地元でいっしょに碑をつくる運動を進めた住民のほか、東京から教員時代の友人ら

23人が来ました。大嶽さんが挨拶したあと、参加者が次々にお祝いの言葉を述べました。メッセージを寄せた方もいます。

教員仲間の東京・世田谷区の杉原美鈴さんは「私の父は母のおなかにいる私を置いて戦争に行き戦死しました。父の弟2人も特攻隊など、兄弟3人が戦争に行きました。私はいつも平和を願っています」と話し、「この9条の優しい地蔵様の顔は平和を願い人の争いを嫌い、穏やかで豊かな世の中を願って祈っていると思います」と語りました。

同じく戦争体験を語ったのが岸たつ枝さんです。「太平洋戦争が始まった時、私は小学2年生でした。戦争は徐々に拡大しB29の轟音に脅えながら防空壕への避難、旗を振って送り出した担任の先生の戦死、父の出征と3人の子を連れて遠い田舎に疎開した母の苦労、登校途中の私たち子どもを空から銃撃したアメリカ兵、小学校に避難した浅草の人たちを焼いた3月10日の大空襲、輸送船が撃沈され戦わずして逝った叔父の無念、そしていつも続いたひもじさ。私の戦争の思い出は悲しく辛いものでした」

「憲法9条を知ったとき、幼い私でも、ああ、もう戦争は無いんだと思いました。そして9条がお守りのように思えました。今、世界のあちこちで紛争が起こっています。日本は憲法9条の理念を堅持し、少しでも広めていかなくてはなりません。この9条の碑がいつまでも輝き続けますよう心から願っております」

乙武トシ子さんは「平和は平和を大切だと思う人たちが力を合わせて守っていかなければ守れ

ないものだと歴史から教えられます。９条の碑は平和への道標です。残された人生を少しでも平和のために役に立つ生き方をしていきたいと思っています。９条の碑の建立は私の心の中に火を灯してくれました」というメッセージを寄せました。

私も「お地蔵さんの９条の碑は世界に一つしかない、柔和な表情をした平和を願う記念碑です。これからの日本そして世界を明るく照らしてほしいと願わずにはいられません」とメッセージを寄せました。

そのあとに除幕です。覆った青い布を大嶽さんがはずすと、現れたお地蔵さんの額には真っ赤なハチマキが巻いてありました。思わず参加者から笑い声がこぼれます。ハチマキの意味は、平和を目指してお地蔵さんに頑張ってもらうためだとか。

碑の建立のためカンパしてくれた個人や団体が37人いました。大嶽さんが感謝の言葉を述べます。「反戦、反核。戦争を止めさせなければなりません。私は基本的人権そして民主主義を大切にし、自給自足でやってきました」と、生きる上での信条を語ります。

お地蔵さんのそばには「団結」と書いた紫色の旗が翻ります。大嶽さんは東京都の教員時代、教師への業績評価はおかしいと裁判闘争をしました。勝利の記念につくった旗です。

これは三浦健康学園事件として、労働問題で有名な裁判です。東京・世田谷区の区立小学校に病虚弱児学級として併設された神奈川県三浦市の三浦健康学園に勤務していた大嶽さんが、事実に基づかない不当な業績評価を受けたため昇給が遅れるなど損害を被ったとして東京都や世田谷区を相手取り損害賠償など求めました。東京地裁は2010年、大嶽さん勝訴の判決を下しました。

このとき大嶽さんは自分の損害だけでなく、業績評価の制度そのものの不当さを指摘しました。教員を上司が管理し「物言わぬ教員」を創り出すための教員統制の道具としたのがこの制度だとして、乱用を厳しく問うたのです。普通、雇われる側の人は泣き寝入りしがちです。しかし、大嶽さんは敢然と立ち向かいました。それを支援するためにつくられたのが教員仲間の「岬の会」です。9条の碑の除幕式でも、碑のそばに「岬の会」と染め抜いた紫色の端が掲げられました。

この裁判が示すように、大嶽さんは人生でおかしいと思ったことに黙っていませんでした。碑の傍には「海に放射能汚染水をながすな」と書いたのぼりがはためきます。除幕式の参加者に配った資料には日本国憲法前文と9条の条文だけでなく、「汚染水放出は原子力政策の根幹」「原発汚染水を海洋放出する暴挙と闘う」などの文書が入っていました。

大嶽さんの家の庭の向こうには、50メートル×30メートルの広い畑があります。有機農業で自給自足しているのです。日焼けはこのためでした。「日々、農作業も含め、7人分の仕事をしています」と話します。たしかにそう見えます。つくっているのはジャガイモ、白菜、ブロッコリー、カボチャ…思いつくものは何でも。さらに週に3日はJRの路線作業で夜10時から朝6時半まで徹夜で仕事をしています。

大嶽さんは身長が144・8センチ、しかも私が訪ねたときは71歳。小柄な体にすさまじいファイトを秘めています。そして根底にある優しさ。農作物は収穫のたびに、ねむの木学園に送っています。「障害をもつ子どもたちに教育の場を」という願いから俳優の宮城まり子さんが日本で初めて静岡県に開設した肢体不自由児養護施設です。

原発の被害に遭った福島の子どもたちに少しでも保養してもらおうと、2018年から1回5人まで受け入れています。1年でもいいし土日だけでもいい。自宅に宿泊してもらって伸び伸びしてもらおうというのです。勉強の面倒もみます。元は学校の先生ですから、そこはお手の物。自宅から歩いて5分のところに「愛知こどもの国」があり、登山や海水浴、そして畑での農作業を体験してもらう。蒲郡駅まで来てくれれば、あとは面倒をみるというのです。そのパンフレットまでつくっています。

9条の碑を写真に撮ろうと、大嶽さんに碑のそばに立ってもらいました。碑のそばに書類が束になっています。憲法9条と憲法前文のコピーです。碑を訪れた人に自由に持ち帰ってもらっています。白い手ぬぐいを頭にかぶり白いお地蔵さんのそばに立って憲法のコピーを持つ大嶽さんの笑顔は、お地蔵さんの笑顔そっくりです。

また蒲郡駅まで車で送ってもらい、在来線から新幹線を乗り継いで東京に帰りましたが、途中で見た富士山は頂上一帯を白く冠雪して実に綺麗です。その姿が、頭に白いてぬぐいをかぶった大嶽さんと重なって見えました。

2 岐阜県岐阜市
9の字の病院

ひと口に「9条の碑」といっても形はさまざまですが、どれも間近に寄って文字を読んで初めて憲法9条の記念碑だとわかります。でも、岐阜市の「9条の碑」は違う。100メートル離れた所からでも「9条の碑」だとわかります。なぜって形がズバリ「9」だから。実にシンプルで分かりやすい碑です。

JR岐阜駅から車で30分ほど。両側に田んぼを見ながら北東に走った岐阜市の北の端に、真新しい大きな「みどり病院」があります。2024年5月に新築されたばかり。入り口の芝生に現代彫刻のようなモニュメントが立ちます。台座の上に高さ80センチの「9」の形のグレーの御影石が載っています。

台座の正面にはステンレスの銘板に憲法9条が彫ってあります。後ろ側のステンレスでは憲法の前文が読めます。「9」の真ん中の穴の部分から向こう側が見えます。その中心部まで地面から約1メートルほど。子どもが顔をのぞかせるのにちょうどいい高さです。

みどり病院のモットーは「地域にひらかれた、みんなにやさしい病院」です。新築の期間中、

9の字の形をした碑と建立にかかわったみなさん

地域の人々と交流する中で「9条の碑」を建てる話が持ち上がりました。「岐阜健康友の会」が隔月発行するニュース「健康とくらし」は2020年11月号から「9条を守ろう」という記事を連載しました。22年の9月号に全国の「9条の碑」が紹介され、「憲法9条の碑を建立する運動に取り組みたい」と書かれています。

その前の22年7月号には「家族一緒にPeace Wave」という記事があります。みどり病院事務長の中尾美絵さんが書きました。「8月9日生まれの私は、高校生の時から原水爆禁止世界大会に参加し、いつしか平和活動はライフワークになっていた」とあります。娘の雅さんが生まれると、子連れで平和パレードに参加しました。雅さんが小さいころ、お母さんは毎月、本をプレゼントしました。雅さんが小学校の低学年だったとき「ぼくがラーメンをたべてるとき」という本を読んで

「ラーメン食べてるときに、遠くの国の子どもが戦争で死んじゃってるかもしれないんだね」と話したそうです。感受性が強く、想像力ある子に育ちました。

23年3月号には、戦時中に爆撃された岐阜駅の駅員の証言が載っています。空襲されて逃げ惑ったあと、まる焼けとなった駅で焼死した仲間の身元確認をさせられ、涙が止まらなかったそうです。

「駅は訴えます」として、こう書いています。「憲法9条改悪の声が騒がしく、軍靴の音が聞こえるようです、駅は、再び大切な父親や夫、恋人や息子、兄弟を戦場へと行くのを見送りたくありません。白木の箱に入って返ってくるのを迎えたくはありません。駅は、街を発展させ、未来に向かって出発する人々を見送り、迎える『人生の港』として生まれたのです。岐阜のみなさん、愛郷の精神で団結してください。憲法9条を守り、活かし、軍人や武器を運ぶ駅にさせないでください」と。

2015年から戦争法反対のスタンディングを続けてきた「岐阜健康友の会」の高田一朗さんは、全国各地に「9条の碑」ができているのを知り、「ここにもほしい」と声を上げました。地元に「9条の碑」を建てようという動きがしだいに強くなりました。

2023年8月、「9条の碑プロジェクト」が立ち上がりました。新築される病院の敷地に「平和のスポットとして、いのちと平和の大切さを刻む憲法9条の碑の建立をめざす」ことを目的としたプロジェクトです。参加団体は藍川地域9条の会、岐阜健康友の会、岐阜民医連、みどり病院すこやか診療所9条の会で、協力団体に岐阜高校生平和ゼミナールと「ぎふキッズ9条の会」も入っています。正式名を「岐阜市に日本国憲法9条の碑を建立する会」といいます。24年5月には40人が参加して、同じ岐阜県の郡上市の正法寺にある「9条の碑」を観るバスツアーを行いました。

費用や碑のデザインをどうするか、毎月一度の会議で話し合いました。石材屋に問い合わせると、ざっと100万円という費用がかかります。「9条の碑、建立協力金のお願い」と書いたカラフルなチラシをつくってあちこち回りました。デザインを決めなくてはならないという日、岐阜県民医連の事務局長、土井正則さんの頭にひらめいたのが「9」の文字にする案です。「9」といってもいろいろな形があり、強度の観点から一番シンプルな形にしました。

台座には長持ちするようステンレスをはめ込み、9条の条文と前文を入れることで落ち着きました。文字の字体をどうするかもみんなで話し合い、丸ゴシック体と決めたのです。前文を入れたのは、岡山市で開かれた民医連の全国大会に土井さんが参加したさい、松元ヒロさんの「憲法くん」のパフォーマンスを観たのがきっかけです。9条だけでなく、その内容を示した前文も必要だと思ったのです。

すったもんだの末にできた「9条の碑」。除幕式は24年の11月3日に行うと決めていました。岐阜県九条の会の代表や岐阜県原水協の代表ら約60人が参列しました。前年の2023年6月には、ここから車で20分しか離れていない陸上自衛隊の日野基本射撃場で自衛官候補生が自衛官3

人に向けて自動小銃を発砲し２人が死亡した事件があったばかりです。参加者からは「地域の平和スポット」として平和運動が盛り上がるきっかけになるという発言もありました。

地元の９条の会の齋藤恵津子さんは、コロナの期間中に集会ができなくて９条を守る運動が下火になっていることに胸を痛めていました。９条の碑の募金運動をする中で一人ひとりに９条の大切さをあらためて訴えながら寄付金を集めました。沈滞していた会の活動は９条の碑の建立で活力を取り戻していきました。

９条の碑を建立する会の事務局長、足立明彦さんは「『９って何？』というところから関心を持って９条を知ってもらえればいい」と話します。

できあがった碑を観て「可愛いな」という感想を述べた若者がいます。ラーメンの本を読んで戦死した子に思いを馳せた中尾雅さんです。このときは岐阜工業高校の建築デザイン科で学んでいました。「シンプルで分かりやすい。イメージがドンと主張されている」と、若者らしい感想です。

お母さんの中尾美絵さんは今、「安保関連法に反対するママパパの会」の会長をしています。「学校の遠足のさい、ぜひこの碑に来てほしい」と語ります。

碑ができてから、リハビリの患者が外歩きのさいにここに寄ります。小さな子が「何これ？」といいながら碑をペチペチとたたきます。近所の小学生はみどり病院を「９の字がある病院」と呼ぶようになりました。形が面白いので写真に撮ってネットで流す人もいます。「長良川を守る会」がツアー中に立ち寄りました。今や地域の名物スポットです。

9の字の碑を観ているうちに、思い出したものがあります。みどり病院を新築する期間、前理事長の岩井雄司さんが毎月、漫画つきで「リニューアル推進ニュース」を発行していました。岩井さんは手塚治虫にあこがれて漫画家になろうとした人です。顔つきも画風も手塚治虫によく似ています。ニュースの2023年7月号を見ると、「9」の形をした滑り台で子どもたちが遊ぶ漫画が描かれています。この漫画のように大きな9の字の滑り台にしたら、子どもたちが文字通り活用し、世にも珍しい「遊べる9条の碑」になったかもしれません。

キュウといえば、このすぐ近くで生まれ育ったのが、2000年に行われたシドニー・オリンピックのマラソンで金メダルをとった高橋尚子さん。そう「Qちゃん」です。ここでもキュウに縁があります。

3　静岡県浜松市
これでもかと戦争放棄を前面に

真っ青に晴れた冬の午後3時、太陽の光を浴びて青く輝く浜名湖が眼下に広がります。キラキラする波がまぶしいほど。湖を見下ろす静岡県浜松市中央区雄踏町《ゆうとうちょう》の高台にある臨済宗の極楽寺を訪ねました。

JR浜松駅から在来線で西に2つ目、舞阪駅で降ります。タクシーに乗り平坦な道を郊外へ。途中の道筋にはいかにも浜松らしく、うなぎ屋の店がいくつもあります。そのたびにいい匂いが腹を刺激します。田んぼの間に住宅がちらほらする中を15分ほど行くと、寺の白壁に行き当たりました。車を降り石段を上がると、構えの大きな立派なお寺があります。

寺の入口に、葉が異様なほど長い、風変わりな松の木が植えてあります。そばには「戦争放棄の松」と記した石碑が立っています。弘法大師の墓のそばに生えていた松の苗木を植えたのだそうです。2024年3月に植えたという日付が石碑に記してあります。寺を訪ねた人は、「戦争放棄」の文字をまず目にするのです。

門をくぐって左手に、高さ4メートルほどもある石塔が見えます。先端が冠をかぶったような変わった形で目を引きます。第２次世界大戦で亡くなった檀家の戦没者23人を供養して、戦後間もない時期に建てられた石塔です。かなり苔むしています。

そのわきに真新しい御影石の四角い石柱がすっくと立ちます。高さは２・４メートルで45センチ角。どっしりとした重みを感じます。正面には「日本國憲法第九条」と黒字で大きく縦に彫られています。左側には「戦争放棄の塔」。裏側にまわると「英霊二十三柱の供養を継承す。第七十七回忌。極楽寺遺族会」と「二〇二三年八月十五日建立」の日付があります。終戦の日に建てられたのです。条文は彫ってありませんが、まぎれもない憲法９条の碑です。

　碑を建てた住職の小川大峰さんにうかがいました。戦争中、この寺は敵機を監視する兵士数人が起居するだけで、廃寺のようになっていました。小川さんの父が終戦の年から住み込んで、住職として再建したのです。２年後に檀家から戦死者23人の慰霊碑を建てたいという話があり、

供養塔のそばに建てた9条の碑と小川大峰さん

供養塔を建てました。

小川さん自身は小学校4年生のときからこの寺で育ちました。京都の臨済宗妙心寺派の大本山、妙心寺で修業したあと、妙心寺が創建した花園高校で社会の教師をしました。父が脳溢血で倒れたため、地元の浜松に帰って極楽寺を継ぐことになったのです。40歳のときでした。

供養塔の前で毎年、法要を営んできました。しかし、年がたつにつれて訪れる遺族も少なくなり、供養塔の意味も忘れられがちになりました。「供養された人たちは戦死した当時、10代や20代だった。なぜそんなに早く死ななければならなかったのか。死ぬときは『天皇陛下万歳』ではなく『お父さん、お母さん』と叫んだはず。無念の思いで亡くなった人たちがいたことを今の若い人に考えてほしい」。こう考えて、供養塔の由来を記した9条の碑の建立を思い立ったのです。

故郷で住職となったあとも、そのかたわら浜松市や湖西市の中学校で社会科の教師をしました。授業で生徒たちに戦死した若者の無念の思いを伝え、憲法9条の尊さも説きました。「平和だからやりたいことができる。戦争は二度とやってはいけない」と語ります。

生徒たちには憲法9条の条文を暗記させました。「長いお経でさえ覚えられるんだから、9条くらい覚えろ」と生徒を叱咤したのです。試験では前もって「9条を全文書きなさい、という問題を出す」と生徒に伝えました。書けない生徒がいると何度でも再試験しました。「教え子を戦場に送らない」を信条としてきました。こうして教え子は全員、憲法9条を暗記することになったのです。

生徒の中には先生をつるし上げ堂々とタバコを吸うワルもいました。そんな生徒を寺に泊めて体当たりで「何のために生きるか」と問い詰めました。いわゆる熱血教師です。「子どもは教育次第で変わる。どんな子でも立派な人間に生まれ変わる」という信念を持っています。

小川さんの熱意に、生徒も応えました。卒業したワルたちが就職して得た給料から鐘付き堂の建設費として高額を寄付しました。檀家の若者たちで「平和の鐘を鳴らす会」を組織し、毎年8月15日に供養の鐘をついています。

私が訪れたとき、小川さんは89歳の高齢でした。それでも浜名湖から吹き上げる寒風の中、作務衣だけの軽装で寺の境内を案内してくれました。憲法9条の碑の向こうには「わだつみの声」と彫った小さな石碑もあります。戦争で亡くなった人たちの声なき声を聴いてほしいという願いから、これも建てたのです。

鐘付き堂には巨大な釣鐘が下がっています。そばの石碑に「教育の大鐘」と彫ってあります。小川さんは仏の教えを伝えるだけでなく、僧侶という仕事を通じて若者を教育することを重視しているのです。

応接間の床の間には、縦約1・5メートル、横約1・3メートルもある大きな和紙に、大きな筆で書かれた特大の揮毫が飾ってあります。「開」という一字ですが、書体は見慣れたものです。あの年末に「今年の漢字」を記して話題になっている京都の清水寺の貫主森清範さんの筆です。署名もしてあります。

2024年3月に森貫主が極楽寺を訪れ、あの鐘付き堂の鐘の下、桜の花びらが舞う中で揮毫してくれました。何の字を書いてもらうかは、あらかじめ檀家のみなさんで話し合いました。「希望の扉を開く」という意味を込めて「開」に決めたのです。字体はまさに心が弾むようで、見ているだけでワクワクします。

小川さんは「この町にも9条の会があります。私も会員にさせていただいています。何かあれば新聞広告にも寺の名前を出させていただいています」と謙虚に話します。

心温まる思いで寺を後にしました。帰り道はまたうなぎ屋さんがあちこちにあります。タクシーの運転手さんが「昨日は、テレビの番組を見て東京からここまでうなぎを食べに来た母娘がいました。ほら、そこの店です」といいます。う〜ん、食べたいけど、つい1週間前に風邪で39度8分の熱を出した身です。ここは少しでも早く東京の自宅に帰って静養したい。うなぎの匂いをかぐだけで、通り過ぎました。

〈山梨、石川県〉

1　山梨県北杜市
枝垂桜の下で

山梨県で初めての憲法9条の碑を北杜市に建てるので、除幕式に参加してほしいといわれ、喜んで出かけました。2024年5月6日。東京・新宿駅から中央線で県都、甲府を過ぎて韮崎へ。ここから車で30分の山の中です。

北杜市の明野町に入ると、「ラジウム源泉100%かけ流し」で名高い増富温泉に通じる県道23号のバス道路沿いの空き地に、40人くらいが集まっています。赤やピンクの花模様の上着を着た白髪の柔和な顔の女性が迎えてくれました。9条の碑を建立した中田宏美さんです。終戦の翌年の生まれで、このとき78歳。

ここは中田さんの家の敷地の一角です。車いすに座っているのは中田さんのお母さんで103歳になる恒子さん、陶芸家の息子さんら中田さん一家を中心に、碑の建立を支えた仲間が参列しています。

「山梨県初の九条碑　除幕式会場」と書いた看板の前で除幕式が始まりました。憲法9条を歌詞にした歌の楽譜が配られ、みんなで歌います。中田さんと私が紐を引くと、碑が姿を現しました。

黒い御影石に真っ白な文字で「祈　平和」と書かれ、両脇に白いハトが2羽、羽ばたいています。その下に「日本国憲法　第9条」の条文が彫られています。黒地に白ですから当然とはいえ、実にくっきり目立ちます。制作した石材屋さん、内藤昭さんの高度な技術と丹精込めた仕事の賜物でしょう。高さ50センチの台座の上に高さ1・3メートル、幅95センチの碑が立ちます。地面からは1・8メートルあり、見上げる高さです。

碑の裏面にまわると、短歌が2首、刻んでありました。「戦争で父は片足失いて／母子残して命短し」と「守られて平和の世にて百余年／母は生きぬき花を愛して」。2つの短歌にはさまれて、梅鉢の家紋と「父　中田保　母　中田恒子」の名前が並びます。末尾には「二〇二四年五月三日　中田宏美　建立」の文字。「恒子」と「中田宏美」は赤い色です。生存者の名は赤で示すのです。

中田さんは徹夜で手作りした沖縄の菓子サーターアンダギーを大量に持参して参加者に配りました。夫が沖縄の出身です。夫の父親は沖縄の地上戦を生き延びた人です。

中田さんのお父さんの保さんは1941年に海軍兵学校を卒業し、開戦直後のインドネシア・ボルネオ沖の海戦で乗っていた船が爆撃されました。船の破片が左脚の太ももに刺さり、麻酔もないまま脚を切断されたのです。帰国して義足で役場に勤めたものの傷口が悪化し、敗血症がもとで亡くなりました。終戦から8年後、中田さんが7歳の時です。お父さんの弟は終戦間際のレイテ島で戦死しました。お母さんの弟は旧満州に出征しシベリアに抑留されました。日本に帰ることができたのは5年後で、最後の帰還兵です。

　お母さんの恒子さんが代用教員として働き、中田さんら3人の娘を養いました。仕事が終わると家で和裁をして稼ぎ、夜は12時前に寝ることはありませんでした。それでも食べていくのがやっとです。父母の姿を見て中田さんは「戦争は嫌だ」という思いを強く感じました。親戚の支援で中田さんは高校、山梨大学の美術科に進むことができました。卒業すると東京の小学校で図工を教え、60歳の定年で故郷に戻りました。

自宅に9条の碑を建てた中田宏美さん

　遺族会の旅行で沖縄に行き戦跡を見ました。やがて日本を戦争する国にする動きが進み、ロシアのウクライナ侵略まで起きます。「父は二度と戦争をしてほしくないと願ったはず。人生の最後に平和にかかわる仕事をしたい」と考えました。地元の明野・須玉9条の会に入ったものの、高齢のお母さんの介護のためあまり平和の活動ができません。

そんなときに知人から贈られて読んだのが『非戦の誓い』です。平和への祈りと願いを込めて個人で私有地に憲法9条の碑を建てた人が何人もいることを知り、自分もしっかりした9条の碑を建てようと決意しました。

9条の会の仲間6人といっしょに車で長野県の2つのお寺にある9条の碑を観に行きました。碑のデザインをどうするか、仲間たちに相談すると、「ハトを飛ばしたいね」といわれました。近所の石屋の内藤さんに制作をお願いし、制作費は貯金と、お母さんが貯めた遺族年金から出しました。葬式よりも碑の建立に使う方がお母さんも喜ぶと思ったのです。

碑の裏側に書いた歌は、お母さんを介護しながら中田さんが詠んだものです。「守られて平和の世にて百余年」は、亡くなったお父さんと平和な世の中の2つに守られて生きてきたという意味です。

「いま、学校の社会科では戦争のことを教えません。なぜ戦争が起きたのかを子どもたちは知らないし、憲法についても教えられない。平和はちゃんと教育されなければなりません。戦争の責任はだれにあったか、分析と追及が足りないのではないでしょうか。戦争の反省を踏まえた歴史教育が必要だと強く思います」と話します。

日中友好協会の中国ツアーに参加して大連など旧満州をまわったさい、ホテルの前の公園で中国人の若者から日本語で話しかけられました。彼は「政治家は戦争ばかり唱えるけれど、一般の国民はみんな兄弟です」といいました。

訪問地のあちこちに戦争の記念館があり、中国人の父母がメモ帳を手に展示を見ていました。中田さんは「日本は自分が侵略したことを若者に知らそうとしていない。子どもがしっかり歴史を学ぶ姿勢は、日本にはない」と思いました。

そう話す中田さんのかたわらに寄り添ったのが50歳になる息子さんです。陶芸家で、中田さんの碑づくりを助けてきました。満州帰りの中田さんの弟さんの記録を残したいと話しています。中田さんの気持ちはしっかりと受け継がれています。

除幕式のあと、近くの須玉ふれあい館で私は「わたしたち市民が平和を創る」と題した記念講演をしました。170人もが集まりました。地元の新聞社やテレビ局もたくさん取材に来ました。憲法9条といえばひところ、「政治的だ」とメディアは取材を避けたものです。今や時代が変わり、反戦を求める国民的な空気が広がっていることを感じさせます。

あらためて9条の碑のそばに行くと、碑のわきに大きな枝垂桜の樹が青々とした葉をつけています。春には素晴らしい花が観られるでしょう。黒光りする碑にピンクの桜が覆いかぶさる姿が目に浮かびます。ここでお花見をするのも良さそうです。

わきの県道は名高い温泉への道です。車で通る人々の目にも、桜の木の下にそびえる黒い9条の碑はとても映え、多くの人の目を引くことでしょう。碑の周辺には車数台分の駐車スペースもあります。「通りすがりに立ち寄って、休憩がてら碑を観て、なぜ9条ができたのか、平和とは何かを考えるきっかけにしてほしい」と中田さんはいいます。

北杜市で桜といえば武川町の実相寺境内にそびえる山高神代桜《じんだいざくら》が有名です。福島県の三春滝桜・岐阜県の淡墨桜と並ぶ日本三大桜の一つで、樹齢2000年と推定されるエドヒガンザクラの古木です。根元の幹周りは12メートルもあり、日本で最古・最大級の巨木として大正時代に国の天然記念物第1号に指定されました。

武川町をルーツとする歌人、武川忠一さんはこの樹を観て「二千年ここに立ちゐて咲く花に人はほほ笑む花もほほ笑む」と詠んでいます。花を見れば誰しも美しいと思うでしょうが、日本人にとって桜は特別な花です。和歌の世界で花といえば桜を指します。

戦時中、桜は軍国主義に利用されました。桜のように散ってお国のために尽くせといわれました。文化人類学者の大貫恵美子さんは大著『ねじ曲げられた桜～美意識と軍国主義』（岩波書店）の中で「国家は、さまざまな方法により桜の花の美的価値を、軍事的なイメージおよび行為へと移転した」と述べました。桜の美が軍国主義を賛美するのに利用されたのです。桜の研究といえば山田孝雄の『櫻史』（講談社学術文庫）が決定版です。彼もまた「桜を武士道と絡めるのは日本精神を知らぬものだ」と喝破しました。

『桜の文学史』（文春新書）の著者、国文学者の小川和佑さんを栃木県の自宅に訪ねました。小川さんは「桜のテーマは『生きる』です。美や平和、豊かさの象徴で、清らかで明るく美しいという日本の古代人の宗教観を具現したのが桜です。日本文化は桜文化です」と語りました。

桜も憲法9条も、共通するのは「生きる」です。生命の大切さは平和を尊び、命を奪おうとする武力への拒絶に直結します。桜の時期に中田さんの9条の碑を訪れたいものです。

その後「明野・須玉9条の会」ニュースが届きました。碑の前を通る車が停車し、乗っていた人たちが車を降りて条文を読む姿をたびたび目にするそうです。宮城県や長野県からもわざわざ観に来た人が「うちにも9条の碑を建てます」と語りました。山梨県の県都甲府市から5人が来て、甲府市に9条の碑を建立する実行委員会を立ち上げたといいます。中田さんはその場で呼びかけ人になりました。

9条の碑が一つできれば新たな碑を呼びます。中田さんの一人からの行動が各地に広がっています。

2 石川県金沢市
手作り感がいっぱい

加賀百万石の城下町、石川県金沢市に12月半ばに着くと、冷たい氷雨が降っていました。「冬の金沢はいつも雨です。弁当を忘れても傘は忘れるな、といわれます」と、迎えてくれた城北病院の事務長、西谷求さんが笑います。そんなこととは知らず、傘は持ってこなかった私です。雪のイメージはあっても雨とは思いませんでした。

道路沿いの道の植え込みでは、小さな樹木にも「雪吊り」がしてあります。この地方独特の湿った重い雪が積もり、木の枝が折れるのを防ぐためです。縄で枝を吊った円すい型の姿は、名高い兼六園の冬の風物詩ですが、街中の小さな樹にもこんな細かい作業をするのですね。北国の人々の細やかな気遣いと、輪島塗など伝統文化に共通する器用な手仕事を見る思いがします。

金沢駅から車で5分もかかりません。城北病院の入り口わきの植え込みに、いかにも手作り感がする石の彫刻が置いてありました。他の9条の碑はいずれも石材屋さんや建築家など専門家の仕事ですが、こちらは普通の市民が手掛けた稀有な作品です。

一見するとコンクリートではないかと思われるような石です。御影石などでなく「そこらの

9条の碑を手作りした安念隆博さん

石」のように見えます。高さ80センチ、幅90センチ、厚みは底の部分で30センチ。憲法9条の条文が彫ってある上に別の石を継ぎ足して2羽のハトと「9」の字、さらに富士山まで浮き彫りしてあります。条文の周囲を四葉のクローバーが唐草模様のように取り囲み、ここは緑や黄緑色に塗られています。専門の石屋がつくったのではない分、いかにも手作業のような素朴な味を感じます。

後ろにまわると、小さく「平和への決意　安念隆博」と書いてあります。この安念さんが製作者です。ほどなく本人がやってきました。安念さんは城北病院の元事務長でした。50歳で退職したあとは金沢大学の労働組合の役員など組合活動をしました。碑を制作したのは75歳のときです。

手作業が好きで、趣味で陶芸やガラス細工をしていました。それが高じて、もっと大きなものをつくりたいと石彫を手掛けて15年。地元の石を使って石を彫る市民の同好会「石川の石を彫ろう会」の会員です。金沢市にある市の施設、市民芸術村では、市民に文化活動の場を提供しています。さすが文化の地です。

もともと憲法問題に関心を持っていました。全国あちこちで9条の碑が生まれていると聞き、それならば自分で彫ってやろうと思ったのです。手に入れたのが小松市で産出する滝ケ原という石です。火山灰が固まった凝灰岩の一種です。条文を刻む部分を残して石を割り、割った石を上に載せました。上の石が落ちないように心棒を入れています。

条文の字はノミで彫るのではなく、コンプレッサーの空気圧で彫りました。慣れれば簡単だそうです。同好会の機械を使うので、自前で高価な機器をそろえる必要もない。四葉のクローバーの部分には人口樹脂を塗りました。

土台には赤黒い石が置かれています。戸室石という金沢城の石垣に使われている石です。元は白っぽい石ですが、風化してこんな色になったのです。

２０２４年４月に制作を始め、完成したのは9月です。わずか5か月。どこに置けばいいか、病院のみなさんに相談した結果、人通りが多い病院前の道沿いに建てることになりました。

11月24日に据え付け、12月9日にはお披露目をしました。集まったのは病院の職員や健康友の会の会員、地元の9条の会の会員ら50人ほどです。西谷事務長が経過を説明したあと、安念さんが「戦争の力が強くなっています。外国人を一人たりとも殺さない日本国憲法の精神を、今こそ示すために制作しました」と語りました。

ほかの9条の石碑と違って、手作りの温かみが特徴です。堂々としていないのがいい。思わず近寄ってナデナデしたくなる親近感がにじみます。通りがかりの人が思わず写真に撮ってネットで広まりました。わざわざ見に来る人がいます。「これを活用してほしい。9条を守る活動をどうしていくか、考える刺激になればいい」と安念さんは考えます。

石川県の9条の碑は、すでに加賀市、中能登町、輪島市と3つあり、これが4番目です。この中でとりわけ気になっていたのが輪島市でした。2024年の元旦に起きた能登地震の日、私は輪島の9条の碑を制作した川上清松さんの家に電話をかけ続けました。でも、何度かけてもつながりません。もしや大きな被害に遭い川上さんも大けがをしたのではないかと案じました。私が川上さんの家を訪れたのは2018年で、このとき川上さんはすでに93歳でした。大地震で心身ともにこたえているはずです。

6月になって川上さんの息子さんから私に連絡が入りました。川上さんが亡くなったという知らせです。老齢による大往生のようでした。地震で苦しんだのではないと知ってひとまずホッとしました。9条の碑がどうなったか、まではわからなかった。それが今回、城北病院のみなさんから情報がもたらされました。

碑は無事でした。そもままちゃんと建っているようです。

川上さんは戦時中、航空隊に入隊しシベリア抑留も体験します。九死に一生を得たことが何度もありました。人生の最後の場面で大地震に襲われたのです。川上さんが建てた9条の碑は畳一枚よりも大きく、この9条の条文だけでなく憲法前文も入れています。川上さんは亡くなっても、9条の碑はしっかりと残っています。

一方、安念さんの9条の碑は、大地震が来ればわりとあっけなく形を失いそうです。でも、安念さんはかえって創作意欲に駆られ、何度でも新しく作り直すでしょう。こんどはこんなデザインにしよう……など楽しみながら。

〈長野県〉

1　長野県長野市
無念の思いで死んだ家族の墓碑銘に

長野県長野市の松代地区には戦時中に造られた松代大本営の地下壕があります。この松代町で講演したさい、参加者の一人から封筒をわたされました。表には「私の不戦の誓い『日本国憲法九条』」と書いてあります。中にはお墓の写真とともに印刷した紙が入っています。その内容は思いがけないことでした。

「父は1944年（昭和19年）8月3日、臨時召集令状により第二国民歩兵として召集され、わずか1年で『死亡通知書』が届いた。何も入っていない小さな白い木箱が戻って来ただけだった。

やがて戦後の食糧難の時代が続き、私は立ち上がれぬほどやせ細ってしまったが、なんとか生き延びることができた。だが、弟は1948年（昭和23年）7月27日、4歳の乳幼児期に食料が足りずに栄養失調で餓死してしまった。親子四人幸せな人生を生きられたはずが、戦争という無謀な愚かな行為により『赤貧洗うがごとし』という生活を強いられ、母は目を閉じる日まで、弟の命日には仏壇に手を合わせ涙を流していた。
２０１７年7月、墓の整備に合わせ『日本国憲法９条』の不戦の誓いを、『墓碑銘』に刻むことに決めた。日本国憲法の改憲が声高に叫び始めていた事を苦々しく思い、今後も『憲法９条』を次世代に引き継ぐことが世界平和のためであり、日本国民の正義と信じて刻み、盆行事には同行する子、孫たちと朗読するを常とした」

なんと亡くなった家族を弔う代々の家の墓の墓碑銘に、「日本国憲法９条」を刻んだというのです。差出人は長野市三輪に住む吉田則彦さんです。後日、あらためて東京から新幹線に乗って長野市を訪ねました。

長野駅を降りると、吉田さんが軽自動車で迎えてくれました。顔に深いしわが刻まれた白髪のおじいさんです。このとき82歳でした。奥歯をかみしめるように顎が張って意志の強さを感じます。駅から25分で市内長池にある光蓮寺に着きました。真宗大谷派のお寺です。境内の奥の墓地をずんずん進むと、黒い御影石の立派なお墓があります。「吉田家之墓」と彫られています。

その右側にやはり黒御影石で長方形の石碑が立っていました。「吉田家法名碑」のあと、吉田さんの父節雄さん、母千鶴代さん、弟の敏夫さんの戒名が彫られ、その後に「日本国憲法第九条」が彫ってあります。これも立派な憲法９条の碑です。あらためて碑を建てたいきさつをうかがいました。

戦時中、吉田さんの一家は奈良に住み、お父さんの節雄さんは大阪の自動車工場に勤めていました。召集令状が届いたとき吉田さんは2歳、弟の敏夫さんは生まれたばかりでした。それから1年後、終戦となっても節雄さんは帰って来ません。千鶴代さんは日々、節雄さんの帰りを迎えようと駅に出かけ、復員兵の動向を知らせる掲示板を見に行きました。節雄さんの死が知らされたのは終戦から3年たった1948年9月25日です。「死亡告知書（公報）」と白い小さな木箱が届きました。中には何も入っていません。

公報には「戦死（認定）されたのでお知らせする」とだけ書いてありました。死亡したかどうか不明だけど死亡したと推定され、国として死亡と認定するということです。死んだとされるのは8月14日で終戦の前日です。亡くなった場所では激戦が行われ日本軍の部隊は玉砕したようです。亡くなったとき節雄さんは30歳でした。残された母千鶴代さんは26歳で夫をなくし、まだ幼い2人の子を育てなければなりませんでした。

戦争も末期となると空襲のためB29爆撃機が飛んできました。千鶴代さんは子どもを連れて節雄さんの実家のある長野市に避難しました。親せきが持つ3畳の物置で暮らしたこともあります。奈良と違って信州の冬は寒さが厳しく、布団は一組だけ。吉田さんは弟を抱くお母さんの脚にしがみついて寝ました。

戦後の食糧難はきわめて深刻でした。千鶴代さんは米を手に入れるため農家をまわり、着物などわずかな持ち物を米と交換しました。配給の味噌を兄弟二人でなめ尽くし、お母さんに叩かれたこともあります。食べ盛りの幼児だった吉田さんはガリガリにやせ細りました。弟の敏雄さんは栄養失調となり、最後は骨と皮だけとなって息を引き取ったのです。

住まいを転々としたあげく、母子寮に入ることができました。ホッとしたのもつかの間、千鶴代さんは結核にかかって寝込みました。生活保護を受けつつ、吉田さんはお母さんから火の起こし方やご飯の炊き方、洗濯の仕方などを教わり、寝たきりのお母さんに代わって一家の生活を支えました。

当時、生活保護の世帯の子は中学を卒業すると集団就職で親元を離れて都会に行くのが普通でした。しかし、中学校3年生になって卒業後の進路を決めるさい、お母さんは「高校だけは行かせたい」と担任の教師にいったのです。吉田さんはうれしくて高校受験までの数か月を必死に勉強し、無事に合格しました。高校時代は育英資金だけでは足りず、アルバイトに明け暮れました。

なぜこれほどの貧困家庭なのに高校に行けと千鶴代さんがいったのか、大人になって初めて分かります。お父さんは出征の直前に遺言書を置いていきました。それをお母さんが成人した吉田さんに読ませてくれました。「本人たちの希望通りに進ませてくれ。ただし、中等学校以上の教育だけは万難を排して受けさせてくれ」と書いてありました。中等学校とは今日の高等学校のことです。お母さんは極度に貧しい中、お父さんの遺言を必死で守り、苦しい家計から無理して吉田さんを進学させたのでした。

高校生になった吉田さんが何度も繰り返し読んだのが、文部省が発行した「あたらしい憲法のはなし」でした。日本国憲法が施行された1947年に中学1年生用の社会科の教科書としてつくられたものです。「戦争の放棄」という項目にこう書いてあります。

「みなさんの中には、こんどの戦争に、おとうさんやにいさんを送りだされた人も多いでしょう。ごぶじにおかえりになったでしょうか。それともとうとうおかえりにならなかったでしょうか。（中略）いまやっと戦争はおわりました。二度とこんなおそろしい、かなしい思いをしたくないと思いませんか」。この言葉に、吉田さんは食いつきました。さらにこう書いてあります。

「こんどの憲法では、日本の国が、けっして二度と戦争をしないように、二つのことをきめました。その一つは、兵隊も軍艦も飛行機も、およそ戦争をするためのものは、いっさいもたないということです。（中略）しかし、みなさんは、けっして心ぼそく思うことはありません。日本は正しいことを、ほかの国よりさきに行ったのです。世の中に、正しいことぐらい強いものはありません」

吉田さんは戦争で一家に降りかかった災難を思うにつけ、ここに書かれたことに深く共感しました。戦争は絶対にだめだ、憲法9条を守らなければならないと誓ったのです。

「もし生まれ変わることができたなら、親父の背中に負ぶわされ、その広さとぬくもりを感じ、いたずらをして叱責のげんこつの痛みもほしかった。戦争で父を失った私は父の顔も声も記憶がなく、一度もそんな経験がないのです。平和でなくてはダメです」と吉田さんは話します。このときの「あたらしい憲法のはなし」を今も大切に保管しています。

代々引き継いできた吉田家の墓を整備し墓誌を墓の横に立てることになった２０１７年は、当時の安倍晋三首相が憲法９条への自衛隊明記と２０２０年に新憲法を施行すると宣言した年です。とても危険なことだと感じた吉田さんには当時、３人の娘と９人の孫がいました。この子や孫に戦争の災難が降りかかることのないよう、孫たちが平和と戦争に敏感に関心を持って成人になるようにと、憲法９条を墓誌に刻もうと考えました。

だから一家で墓参りするたびに、子や孫たちに９条を音読させています。「79年間、他国民に一度も銃口を向けさせなかった憲法９条を、次世代に引き継ぐことが世界平和のためであり、それが日本の正義だと私は信じています」。吉田さんはそう語ります。

私が訪れたときは小雨が降っていました。高さ61センチ、幅が77センチある法名碑が雨に濡れて光っています。裏にまわると、「平成十七年五月　吉田家　建立之」と彫ってあります。今や吉田家の墓参りには、ひ孫まで参加するようになりました。親子４代にわたって、みんなでいっせいに声を上げて平和憲法を唱えるのです。

松代大本営の跡に行ってみました。壕の案内図のそばに「不戦の誓い」と彫った石碑が建っています。「松代象山地下壕案内図」には、山中に掘られた壕の内部が平面図で示してあります。５１９メートルが見学できるよう整備してあり、そのルートをたどります。ヘルメットをかぶり中に入りました。天井に当たる部分に削岩機で削った跡があります。崩れ落ちないように鉄骨で支えられていますが、まるで炭坑の中のようです。

近くの安茂里地区には海軍の地下壕跡が残っています。崩れかけた壕を地元の人々が整備し２０２１年に「大本営海軍部壕」と資料館をオープンしました。丘の中腹に防空壕のようなものがあり、数十メートル入るともう行き止まりです。掘り進める最中に終戦を迎えたのです。入口の資料館には海軍のマークが入った食器など遺品が展示してありました。戦争の痕跡はまだまだ身近にあります。

9条を彫った墓碑銘と吉田則彦さん

長野県で憲法の講演会をするたびに、会場に吉田さんがいるのを目にします。「筋金入り」という言葉がふさわしい人のように思えます。

2 長野県上田市
無言館と俳句弾圧不忘の碑のそばに

戦没画学生の作品や遺品を展示する慰霊の美術館、無言館。入口の手前300メートルの木立の中に2024年11月、どっしりとした憲法9条の石碑が建ちました。全国に数ある9条の碑の中でも、これほど不動の印象を与える碑は他にはないでしょう。

高さも幅も2メートルほどの自然石。正面に四角い黒御影石の銘板がはめ込まれ、「日本国憲法」9条が刻んであります。その上には親子のハトが飛ぶ浮き彫り。親から子へと平和をつなぐ願いを表します。台座には「恒久平和」の文字と「2024年11月3日建立」の日付、建立した「上小地域憲法9条の碑を建てる会」の名を刻みました。

「上小地域」とは長野県の東北部、上田市と小県郡の一帯を指します。小県郡の青木村は「夕立と騒動は青木村から来る」といわれたほど、江戸時代の百姓一揆の発祥地として名高い地です。一帯は100年ほど前に発祥した自由大学の伝統もあり、長野県の中でも反骨、行動力のある風土です。

碑で何よりも目立つのは重量感です。自然石の碑そのものが巨大なうえ、岩を並べた土台は幅

木立の中に建つ9条の碑（右）。左が俳句弾圧不忘の碑

3メートルもあり「地震にもブルドーザーにも、びくともしないぞ」と決意を語っているよう。碑のそばには憲法前文を刻印したプレートも立てました。

立地がまた、いい。碑の右側は「檻の俳句館」です。左側には「俳句弾圧不忘の碑」が立っています。戦時中、反戦や平和を詠んだ俳人たちは、それだけを理由に治安維持法で検挙されました。金子兜太さんが揮毫した碑には「戦争が廊下の奥に立ってゐた　渡辺白泉」「英霊をかざりぺたんと座る寡婦　細谷源二」など、弾圧された17人の句が刻まれています。さらにすぐ近くには、若死した大正時代の画家、村山槐多などの作品を展示する「KAITA EPITAPH 残照館」があります。

これだけ立派な碑を建立した出発点は、「建てる会」の共同代表、島田佳幸さんが２０１７年に沖縄県の宮古島で憲法９条の碑を観たことでした。長野県の地元でも建てたいという思いを温め、21年に９条の会の連絡会で提案したのです。碑のデザインや設置場所、募金など、くどいくらい関連する会を開きました。「9条の碑を建てる会」も前年10月から相談会3回と準備会を4回重ねたうえで正式に設立し、除幕式までに5回開きました。さすが民主主義を重んじる風土です。

幸い、自然石がすぐに見つかりました。200万円を目標に募金を始め、結局は670件以上、370万円もの寄付が集まったのです。土地は無言館をつくった窪島誠一郎さんが提供してくれました。

除幕式で島田さんは「これだけの募金が集まったのは、戦争する国づくりが進められ改憲の動きが強まる中、9条を守り続ける重要性の認識が広がったから。9条を無傷のまま次世代に引き継ごう」とあいさつしました。

賛同者を代表して上田市出身の編集者、故・小宮山量平さんの長女、荒井きぬ枝さんが小宮山さんの思い出を語りつつ「抑止力とは軍備でも、まして核の共有でもない。何も持たないこと、素手でいることこそが一番の抑止力です。それをうたい上げた9条を、今こそ大事にしなければなりません」と訴えました。

信州大学3年生の若者は「弟は自衛隊に入隊しました。9条を守るこうした運動が、彼らを戦場に送らないことにつながる。平和のためにはただ願うだけでなく努力が必要。対話と協力を進め、知恵を結集しましょう」と力強く話します。高専の学生も「9条を変えることは、私たちの命が危険にさらされること。反戦平和の声を上げ続けたい」と語りました。

窪島さんは「私の土地を使っていただいたことを光栄に思います」というメッセージを寄せました。9条の碑の前に切り株があります。ここに立っていた槐の樹を切ったのです。その樹からつくったコカリナの演奏があり、長崎で被爆した永井隆医師が9条の大切さを我が子に語った言葉の朗読、そして最後に参加者みんなで「青い空は」と「折り鶴」を合唱しました。

募金が予想以上に集まったため、これから碑の周辺でのイベントや9条を守り生かす平和活動に活かしていくことにしています。募金の多さは、9条を守ろうとするみなさんの強い意志の表れです。コロナの期間中、何もできなかった分、これからできる限りのことをしたいと張り切っています。無言館を訪れた人も、またぜひ再訪して、この碑を観てほしいものです。

無言館といえば2022年、私は窪島誠一郎さんと館内の喫茶室で話しました。長身で白髪を額に垂らしたあの独特の容貌がヌーっと目の前に現れます。奈良の短大で教え始めたらすぐにコロナでオンラインの授業となったと語りつつ、「人が語った言葉は空気を震わせて相手の脳に入るのに、オンラインだといいたいことが伝わらない」といいます。言葉が空気を震わせる。こんな表現をするところがさすが芸術家です。

ウクライナ情勢を話すと、窪島さんは「戦争に絵や音楽は無力です。でも、無力という力がある。平和が大切だと気づかせる力がある」といいました。名言です。いったん戦争になったとき、徴兵されて絵筆を折らざるをえなかった学生たちの作品に日々接している実感から発せられる、優しくて力強い言葉です。

無言館は、過去を保存するための施設ではありません。現在と未来を向いています。画学生たちが残した絵や、彼らの確かな人生を物語る絵具の展示は、観る者の心に平和の大切さを刻みつけます。大いなる力を持っています。

それは9条の碑も同じです。記念碑といえば過去を忘れないためにあるものですが、9条の碑は違います。日本を戦前のような状況に戻そうとする現在の危うい動きを阻止し、平和で安心して暮らせる未来の日本をつくり出すためにあるのが9条の碑です。

9条の碑は「無言館」の絵と違って、言葉を発します。「有言」です。画学生たちが言葉にできなかったものを、彼ら、彼女らに代わって発信するのが9条の碑です。そう思えば、この地に9条の碑が建てられたことは必然のように思えるのです。

3　長野県小諸市
有権者の過半数署名を達成

島崎藤村の「千曲川旅情の歌」は「小諸なる古城のほとり　雲白く遊子悲しむ　緑なすはこべは萌えず　若草もしくによしなし…」と歌いあげます。私は大学生の時に詩吟研究会に入部し、この詩をよく吟じたものでした。今でも小諸一帯には小諸城址懐古園や北国街道の宿場町の家並みが残り、詩情があふれます。

東京からJR北陸新幹線で佐久平まで1時間15分。小海線に乗り換えて6つ目、15分ほどで小諸駅です。小諸駅と佐久平駅との中間点に標高750メートルほどの糠塚山があります。その山頂に、日本では見慣れない真っ白な仏塔が建っています。日本山妙法寺の信濃仏舎利塔です。ネパールやスリランカにあるような、お椀を伏せて先に尖塔をつけたような形の異形の塔。お釈迦様の遺骨を納めた仏教施設で、塔の正面のくぼんだ場所に金色の釈迦の座像が見えます。

塔の左側、はるか向こうに蓼科の山脈を背景とする一画に、紅白の幕が張られています。2024年12月14日。これから9条の碑の除幕式が行われるのです。黄色い袈裟をつけ、大きなうちわ太鼓を手にしたお坊さんと信徒のみなさん15人が、太鼓をたたきながら読経を始めました。碑を建てた「憲法九条を守るこもろの会」の会員たちも集まってきました。その数、50人ほど。

気温2度です。式が始まると小雪がちらついてきました。初雪です。寒いけれど身が清められる思いがします。司会は長年「こもろの会」を支えてきた塩川士郎事務局長です。まず井出意作会長が「憲法九条を守るこもろの会の結成20周年記念事業として、戦争を放棄した憲法九条の条文を刻んだ『憲法九条の碑』を建設することとしました。今の日本が憲法の方向を歩んでいるかどうか、危機感を感じています」とあいさつをします。

副会長の小山宥一さんが経過報告をします。「平和理念の9条を守るため、2004年に約100名でこもろの会を結成しました。9条を守る署名運動を展開し、14年かけて小諸市の全戸を訪問して有権者の過半数の署名を達成しました。さらに70人の会員が参加して市内の全戸に『9条を守るチラシ』を配布しました」と語ったのには驚きました。何か大変な努力をしてきたようです。この点はあとで詳しくうかがいましょう。

小諸市長の小泉俊博さんも駆けつけてあいさつをします。9条の碑のため場所を提供してくれた日本山妙法寺の僧侶、江上彰さんは「9条の碑を建てたいというお話をうかがったとき、すぐさま建立場所の提供を承諾しました。妙法寺山主の日達上人は『平和より大事な国家の目的はない』と常々語っています。ここにある仏舎利塔は建設から2025年で60年になります」と語りました。仏舎利塔のそばに小諸道場があり、そこで僧侶や信者のみなさんが修行をしているので

除幕されたばかりの小諸市の9条の碑

す。

メッセージが紹介されました。送り主は共産党の田村智子委員長です。「小学生の時、遠足で何度も登ったのが、この山です。仏舎利塔は小諸の市街地からもよく見える町のシンボルでした」というので驚きました。周囲の人にこっそり聞くと、田村さんはこの町の文房具屋さんの娘なのだそうです。

除幕された9条の碑は、石垣を組んだ台座の上に高さ1メートル、幅50センチの板のような石碑が2つ、横に並んでいます。右側は「憲法九条の碑」の題字の下に憲法9条が彫られています。左側は碑を建てたいきさつを刻印してあります。日本国憲法の崇高な目的を達成するために結成された「憲法九条を守るこもろの会」が結成20周年を記念し「賛同する多くの同志のご支援を得て」建立する、と書いています。建立の日付は２０２４年12月11日で、除幕式の３日前です。

碑の石を提供したのは、「こもろの会」副会長の高橋要三さんです。60年ほど前、お父さんが畑にリンゴを植えようとして深さ2メートルの穴を掘ったところ、大きな石が出てきました。将来、何かに使えそうだと思い、石屋さんに頼んで2つに割ってもらったのです。９条の碑を建てる話が出たとき、この石を使ってほしいと強く願ったそうです。「戦後、父が『もう日本は戦争をしない国になった』といっていたのを覚えています。この石が9条の碑に使われて、おやじも喜んでいるでしょう」と話します。そのあと、「実は伊藤さんの『非戦の誓い』を読んだ夜に、この石が碑になっている夢を見ました」というのでびっくりしました。まさに正夢になったわけです。

先ほどの小山さんに「有権者の過半数の署名」について詳しく聞きました。「『こもろの会』が最も重視してきたのが、市民の有権者の過半数を目指す署名活動でした。憲法の学習会や講演会の参加者はいつも同じ顔ぶれでした。対話を通じて、憲法を知らない人にこそ知ってもらおうと思ったのです。相手が出てくるのを待つのでなく、こちらから出ていくことにしました」と話します。積極的な姿勢を展開したのです。

２００４年に会が発足した直後から毎月1回、土曜か日曜の午前中に手分けして市内の地域ごとに巡回し各家庭を訪問して、対話をしながら話しました。行動日の2日前に予定地区に出かけて各戸に「明日、行きます」と書いたビラを入れ、当日も宣伝カーを回して知らせました。一人で説く自信のない人は二人で一軒ずつ訪れるのです。

戦争を経験したお年寄りはすぐに快く応じてくれました。「待っていた」といわれることもありました。ときには戦争中の苦しい体験を長々と聞き、今の生活苦の相談に乗ることもありました。押し売りや宗教の勧誘と思われて門前払いされることも。「中国の攻撃に9条で国が守れるか」と反発する人もいました。そんなときは粘り強い対話になります。15分ほど話して「これはダメだ」と思った帰り際、「署名するよ」といってくれたこともあります。

「憲法を守りたいから国民投票には行かない」という人もいました。「投票に行って×印をつけないと守れません」と説明すると「知らなかった」といわれました。猛暑の夏も手がかじかむ厳寒の冬も続けました。その結果、2018年の4月、ついに市内の有権者の過半数署名を達成したのです。

小諸の町を歩くとすぐにわかりますが、坂だらけです。会員の大半が高齢者で、坂を上り下りするだけで大変です。それでもがんばった。

その後も果敢に行動しました。若者の無関心さや他人事のような反応をなんとか変えなければならないと思い、憲法を若者自身の切実な問題として感じてもらうにはどうしたらいいかと考えました。そこで「九条を守るチラシ」をつくり2014年の憲法記念日から2か月間、70人の会員が各地域を分担して市内の全戸に配布したのです。

さらに２０１５年に安保法制が国会で強行採決されたあとは、毎月19日に市内の中心部の交差点に立って９条の大切さを訴えています。こうした運動の積み重ねの上に、９条の碑の建立があるのです。「活動を牽引してきた依田発夫初代会長と塩川事務局長を中心とするチーム力の良さが、『こもろの会』の原動力です」と小山さん。

妙法寺の僧、江上さんに僧侶になる前は何をしていたのか問うと、なんと小渕元総理の秘書官だったそうです。今でも内閣府に陳情に行くと、元の先輩や後輩がいるとか。こもろの会には、面白い人生を生きている人が多いようです。

この日の除幕式で、寒い中、コートを脱いで参列していたのがたたって私は風邪を引き、２日後に39度８分の高熱を出して５日間、寝込んでしまいました。それでも除幕式で会った人々を思い出すと心が和み、温かい気持ちになります。

東京から現地を訪れるためには、ＪＲ北陸新幹線で佐久平駅へ。小海線に乗り換えて10分、４つ目の乙女駅で下車し、糠塚山まで歩いて10分ほどです。

4　長野県長野市川中島町
戦いの場から平和の地へ

長野県の川中島といえば、上杉謙信と武田信玄が決戦した川中島の戦いを思い出します。「戦いの場」として全国に知られる川中島を、今後は「平和の地」として情報を発信しようと、この古戦場に２０２５年３月、憲法９条の碑が建設されました。

長方形の白い御影石の台座の上に、高さ１・２メートル、幅１・４メートルの黒い御影石が立ち、白い文字で「日本国憲法第二章　戦争の放棄」が刻まれています。文字を揮毫したのは民主党鳩山内閣と菅内閣の時代に防衛大臣を務めた北澤俊美さんです。元防衛大臣が書いた憲法９条というのも珍しい。まさに軍事から平和への転換を象徴するようです。

除幕式の日は強い寒風が吹き、記念碑の背景の紅白の幕が揺れる中、地元の合唱団が碑の前で歌いました。そのあとに北澤さんら関係者に加え、私も綱を引かせていただきました。

北澤さんは川中島に生まれ、今も住んでいます。最初、自民党から参議院議員に当選した後は新生党や新進党の結成に参加し、民主党の要職に就きました。４期24年間、参議院議員を務めた政治家です。引退後は立憲民主党の杉尾秀哉氏が野党共闘で北澤さんの後を引き継いでいます。

9条の碑を建てたのは「川中島町憲法九条の碑を建てる会」ですが、その中心となった川中島九条の会は、この共闘の事務局的な存在を務めています。

碑には9条の条文の上で横書きで「恒久平和を求めて」の文字が、台座にはハトをあしらった版画の作品が浮き彫りにされています。川中島町が誇る国際的な版画家、上野誠さんの1963年の作品「あかつき」です。羽根をいっぱいに拡げたハトとそのそばで寄り添うハトのつがいを描いています。

1909(明治42)年に川中島町に生まれた上野さんは、東京美術学校(現・東京芸大)に進み、学内民主化運動をして退学処分となりました。反骨の芸術家だったのです。鉄道の工事などで働きながら木版画に取り組み、「石炭を運ぶ人」など労働者や農民を素材に作品を展覧会に出品します。

戦後は保守的な美術界に対抗し、審査を受けることなく誰でも自由に出品できるアンデパンダン展に「自由を求むる労働者」、「平和をかたる」などを出品しました。原爆をテーマに「ヒロシマ三部作」がドイツのライプチヒ国際展で金賞を受賞しています。版画集「原爆の長崎」も刊行しました。

川中島町には「ひとミュージアム 上野誠版画館」があり、彼の作品を常設しています。地域の人々はこの美術館を文化活動の拠点とし、絵画展や読書会、講演会、演奏会などを開いてきました。その意味でも、上野さんの作品は9条の碑に採用するにふさわしいと判断されたのです。

除幕された碑と揮毫した北澤俊美さん

「ひとミュージアム」を訪れると、上野さんだけでなくドイツの女性版画家ケーテ・コルヴィッツの作品も常設展示していました。戦前に貧民や労働者を素材に版画や彫刻を制作し、ナチスが政権を握ると芸術活動を禁じられた平和主義者です。私はベルリンの国立中央戦争犠牲者追悼所「ノイエ・ヴァッヘ」に置かれた彼女の彫刻「ピエタ」を見て、感動したことがあります。

実は、碑が置かれた土地もミュージアムの田島隆館長の所有地の一画です。中学、高校生らが通学で行き来する町内の今井穂刈交差点に面した場所です。田島さんは日本被団協がノーベル平和賞を受賞したことを受けて「志が共通する団体の受賞は励みになる。戦争を知らない世代が増える中、この川中島町から世界に向けて憲法9条の大切さを発信し、子や孫の世代まで末永く平和について考えてもらいたい」というコメントを地元紙に寄せました。

川中島九条の会は2013年に田島さんらが中心となって結成しました。講演会や戦争遺跡を見る会などをし、戦争法反対のスタンディングも定期的にしています。

9条の碑を建てる動きになったのは、全国はもちろん同じ長野県で続々と9条の碑を建てる動きが進んでいることに刺激されたからです。2024年4月から川中島九条の会の事務局で地元に建てられないか、検討を始めました。8月になって北澤氏を顧問に据えることや募金の方法、建設場所などが具体的に決まってから急速に話が進みました。市に支援金を求めましたが、「政治的な事案に公金は出せない」と断られたあと、9月から「川中島町憲法九条の碑を建てる会」として正式に募金活動を開始しました。

これで長野県にある憲法9条の碑は、先にできていた2か所の寺を含め、計6か所になりました。沖縄県の8か所に次ぐ多さです。

その背景には長野県独特の革新的な土壌があります。戦後の最初の知事選で社共共闘の候補を当選させ、その後も国会議員や市長、町長に共産党員が当選するなど、他の都道府県とはかなり違う政治風土です。「教育県」といわれるほど教育に熱心なことも、理由にあげられそうです。

碑がある場所は、JR長野駅から10分の今井駅で降り、歩いて5分ほどです。すぐ近くには川中島古戦場史跡公園もあります。

第3章　西日本

〈近畿〉

1　大阪府茨木市
大阪で初、本で語り継ぐ9条

戦争や争いごとのない平和な世の中で生きたいと、誰もが思います。でも、健康でなく文化を求める自由も許されなかったら、生きているのがかえって辛くなるでしょう。私たちの憲法は第25条で「すべて国民は、健康で文化的な最低限度の生活を営む権利を有する」とうたっています。生存権です。健康で文化的な暮らしを保障する人間的な生き方ができてこそ。本当に平和だといえるでしょう。それを代弁する「9条の碑」が大阪・茨木市にできました。

大阪で初めての「9条の碑」です。憲法9条の生みの親、幣原喜重郎の生まれ故郷は大阪府門真市です。地元の大阪府にようやく9条の碑が建てられたのです。

大阪府の北部、京都と接する地に茨木市があります。市内を東西に貫いて走るJR線茨木駅と阪急線茨木市駅の2つの駅の中間にあるのが、807年に創建された茨木神社です。私が訪れた2024年11月24日は七五三の親子連れでにぎわっていました。

東側の古びた門は14世紀に楠木正成が築いた茨木城の搦手門《からめてもん》だったそうです。門の前に伸びる参道のすぐそばに、真新しい診療所が建っています。3階建ての外壁に下がるのは「日本国憲法（戦争放棄）第九条を守ろう！」「いのち守る『無料・低額診療』を実施しています」と書いた2本の懸垂幕。淀川勤労者厚生協会付属の茨木診療所です。この日午前10時、診療所の入り口前で「9条の碑」の除幕式が行われました。

診療所の前庭から道路まではみ出て、200人以上もの人々が集まっています。幕開けは「北部センター合唱団」と「いばらき健康友の会」による合唱。紅白の幕を背に、憲法9条の条文をベートーベンの第九「歓喜の歌」のメロディーに乗せて歌います。

鳴り物入りの後、いよいよ除幕です。胸に白いリボンをつけた診療所長の安達克郎さんら10人が綱を引くと、白い幕の下から黒い塊のような迫力のある石碑が姿を現しました。安達さんが「ご覧のようにインド産の黒御影石に白く9条の条文を彫り込んだ立派なものを完成することができました」と声を弾ませて語ります。拍手が沸きました。

確かに立派です。黒光りし見栄えがする、堂々とした石碑です。台座の上に高さ75センチ、幅90センチの石が立ち、下に行くほど分厚くなるため、どっしりとした存在感があります。変わっているのは表面の浮き彫りです。本を開いた形で日本国憲法第9条が彫ってあります。つまり憲法の本をめくって9条のページを開いた、という風です。他の碑にはない珍しい形です。

この形を提案したのは診療所の中堅看護師、池上和佳さんです。碑のデザインを話し合う会議で憲法手帳の話が出たとき、憲法は様々な条文が本にまとめられていると思ったそうです。「だれもが平和に生活できるよう語り継ぎ、子どもたちに健康で平和な生活を送ってほしいという願いが込められています。現在、未来と平和であってほしい」と池上さん。碑の前で「これはなあに?」と問う子どもに、お母さんが本の読み聞かせをするように「あなたにもみんなにも、平和に生きてほしいっていってるの」と答えるイメージが浮かびます。

「本」の下の方にひときわ大きく「茨木・九条の碑」と書いてあります。この部分だけは安達所長が手書きした文字を彫りました。書いただけでなく、実際に彫ったのも安達さんです。石屋さんの作業場でレーザーのようなものを照射して彫ったのです。その映像を見せてもらいました。飛んでくる粉塵を防ぐため全身を覆う服を着て、2つの穴に手袋をした両手を差し込んで機械を操作しています。まるで外科手術のよう。業種は違ってもコツは応用できるのでしょう。手慣れた手つきです。

碑の裏側は文字がびっしりです。「人びとのいのちと健康を守ります」のあとに、茨木診療所が加盟する全日本民主医療機関連合会（民医連）の綱領の一部が彫ってあります。「人類の生命と健康を破壊する一切の戦争政策に反対し、核兵器をなくし、平和と環境を守ります」など。碑の右わきには「日本国憲法は世界平和の指針」、左わきには「茨木診療所建設記念」と彫ってあります。これでもかとばかり碑の表面を文字で埋め尽くしています。

除幕式の参加者には記念に手ぬぐいが贈られました。白地に紺色で「憲法九条のこころ」と染めてあります。「き」は「きく耳をもつこと」、「ゆ」は「ゆうじょうを深めあうこと」、「う」は

除幕された大阪で初の9条の碑

「うまが合わなくてもよく話し合うこと」、「じ」は「じぶんのことだけ考えないこと」、「よ」は「よその国に行って武力を使わないこと」、「う」は「うそをついて戦争しないこと」。それぞれお猿さんの楽しいイラストが入っています。そして最後に憲法9条の「戦争放棄」の条文が書いてあります。なかなかの優れものです。大阪市の関西共同印刷所が憲法グッズとして作成したもの。会場の受付では和歌山県の菓子業者が焼いた「九条せんべい」を販売していました。

　診療所に入ると、廊下や窓には色とりどりの短冊がびっしりです。「武器よサラバ」「平和な世界を子どもたちに手わたしたい」など願いが手書きされています。「9条を凛と掲げて平和を誓う」と書いた絵手紙も。「平和のねがい」というプロジェクトで、患者や地域の人々が書きました。その数は約600枚。いかにも張り切り屋という感じの事務局長、藤野俊弘さんは1000枚に増やそうとラインで日々、投稿を呼びかけてきました。

除幕式が終わったあと、私は診療所のホールで記念講演をしました。その後に、なぜこの碑を建てたのか、いきさつをうかがいました。

茨木診療所が生まれたのは1955年、終戦からわずか10年です。「自分たちの診療所がほしい」という地域の人々の運動から誕生しました。最初は芝居小屋だった建物の前半分を診療所として使ったのです。やがてコンクリートの2階建てになったものの老朽化し、2024年にリニューアルして新しい診療所ができたばかりです。「いつでも、どこでも、誰もが安心してよい医療と福祉を受けられるよう」をモットーに、「断らない」を合言葉に、「0歳から100歳まで診られる家庭医学の診療所」を目指しています。

新築に当たっての記念事業に「9条の碑」を建てたいという声が出ました。命の尊さを感じてもらい、後世にも引き継がれる碑を建立しようというのです。「茨木に九条の碑を建てよう会」が発足したのは、建立の1年前です。石屋さんに見積もりを聞くと170万円といわれ、学習会の費用を含め300万円を目標に寄付金を集め始めました。事務局会議を月1回の割で開き、重ねた会合が30回。建立までに集まったのは350万円です。平和憲法学習会は松元ヒロさんのライブや中村哲さんのドキュメンタリー映画上映会などしました。

茨木診療所は2025年3月で診療所の創立70周年、そして「友の会」の結成30周年です。完成した碑について診療所の事務長、垂井知子さんは「戦争は二度としてはいけない。9条を守らねばとの強い意志を持って、後世に伝え続けたい」と話します。

あらためて診療所の入口に立つと、黒いデンとした「9条の碑」が実に目立ちます。碑の裏側の民医連の綱領をじっくり読みました。「日本国憲法は、国民主権と平和的生存権を謳い、基本的人権を人類の多年にわたる自由獲得の成果であり永久に侵すことのできない普遍的権利と定めています。私たちは、この憲法の理念を高く掲げ、これまでの歩みをさらに発展させ、すべての人が等しく尊重される社会をめざします」と書いてあります。人間性を前面に押し出す、堂々とした力強い宣言です。

碑は、診療所に出入りする患者さんたちの目につきます。隣の神社にお参りする人の目にも入るでしょう。神社を参拝したあと、ついでに碑の前で手を合わせてお祈りしたくなるような荘厳な印象さえ受けます。そこまでいかなくても、これはなんだろうと近寄って碑文を読む人はいそうです。初めて9条を読む人々に刺激となってほしいものです。

2 京都府舞鶴市 全国の医療組織を動かした

病院に「9条の碑」を建てる動きが全国で広がっています。そのきっかけとなったのは2022年11月に京都府舞鶴市の「まいづる協立診療所」に建てられた「9条の碑」でした。いわば病院系の「9条の碑」の生みの親です。

舞鶴。日本の歴史上、何度も出てくる地名ですが、名前からして優雅です。ここらは元、田辺と呼ばれ、田辺城という城もありました。でも、田辺という地名はあちこちにあります。そこで田辺城の別名、舞鶴城から地名を舞鶴にしたのです。城の形が鶴が舞うように見えたからだそう。姫路城が白鷺城と呼ばれるのに似ています。さて、行ってみましょう。

京都府といっても北の端で、日本海に面しています。JR京都駅から特急で1時間半、在来線なら2時間40分かかります。舞鶴市には山をはさんで東舞鶴と西舞鶴の2つの駅があり、街が二極に分かれています。診療所が近いのは西舞鶴駅ですが、まずは終着駅の東舞鶴駅まで行きました。

改札を出ると、ユネスコ世界遺産に登録された舞鶴引揚記念館の展示があります。そう、ここは「岸壁の母」の舞台です。終戦直後、大陸からの引揚者やシベリア抑留から解放された兵士たちが帰国した地です。駅からまっすぐ海に向かう大きな道は三条通。この町は碁盤の目のように町が造られ、南北の道が五条通、七条通など名前がついています。

東西の通りは「三笠」「敷島」「初瀬」など。旧日本帝国海軍の戦艦の名前です。中心街を離れると「浪速」「吾妻」「出雲」など。こちらは巡洋艦の名です。街並みからして今もかつての軍港そのまま。さて、三条通を歩いて20分ほどすると東港に出ました。

港を見下ろす丘の上の引揚記念館には、抑留生活の記録やシベリアで兵士が着ていた服や生活品、舞鶴市が行ってきた平和への取り組みなどの展示が見られます。かつて軍港だった港口には、連合艦隊司令長官として日露戦争を勝利に導いた東郷平八郎が舞鶴鎮守府の初代司令長官として過ごした官舎や海軍記念館があります。今も海上自衛隊の基地であり、桟橋には護衛艦が停泊しています。今も昔も軍事の匂いが強い地区です。

これと対照的に西舞鶴駅の一帯は民間地区です。西港は商港、漁港やクルーズの客船の乗り場になっています。江戸時代から北前船が出入りしていました。田辺城の城跡はこちらにあり、神社や寺も目立ちます。生活の匂いが漂う街です。

西舞鶴駅から車で10分もかからずに、こじんまりとした診療所に着きました。昭和の時代を思わせる三角屋根でレトロな外観の入口に、こじんまりとした白い石碑が斜めに置かれています。「戦争の放棄」のあとに憲法9条を連ねた素朴な「9条の碑」です。

事務長の稲次豊さんに建立のいきさつを聞きました。この診療所は１９９２年10月に建てられました。２０２２年10月で診療所の創立から30周年になり、なにか記念行事をしたいと考えたのです。協立診療所が加盟する全日本民主医療機関連合会（民医連）が憲法を守る方針を打ち出していたことから、憲法に関することをしたいと思ったそうです。その年の1月に私が京都民医連の講演で「民医連の事業所で憲法９条の記念碑を建てよう」と呼びかけたのを思い出し、「これだ！」と思ったといいます。はて、そんな呼びかけをしたっけ？

記録を見ると、たしかに講演の中で兵庫県や愛媛県などの「９条の碑」に触れています。この愛媛県大洲市の記念碑の話がヒントになったそうです。大洲市では石屋さんが自前で「９条の碑」をつくりました。制作費を聞くと20万円です。これに運送費の10万円を足せば碑はできます。稲次さんは地元の辻石材店に見積もりを出してもらいました。すると30万円という答です。同じ費用なら地元に発注することにしました。

小さな診療所なので大きさに見合う小さなものを、と注文しました。デザインはシンプルに、条文の文字だけです。稲次さんが９条の原文を石材店にメールで伝えると、若い店主は「文面が違っています」と指摘してくれました。稲次さんが送った文章は「（前項の目的を）達成するため」としていました。本当は「達するため」です。

稲次さんだけでなく私だってときに間違えます。日ごろ接していても、細部の記憶が朧げになりがちなものです。碑として設置し日々、これを目にしていれば正しく記憶されるでしょう。碑

除幕された9条の碑を囲むみなさん

をつくる効果はこんなところにも表れます。

辻石材店の店主はもう一つ、いってくれました。「日々、平和に生活できているのは憲法のおかげ。この場所は小学校も近くにある。将来を担う子どもたちがこの石碑を見て、引き続き平和な世の中をつくってほしい」と話したそうです。高塚光二郎所長から辻石材店に感謝状が贈られました。

出来上がった石碑は青御影石で高さが57センチ、幅は75センチ、奥行きは10センチです。一風変わっているのは、設置した位置です。診療所の入口に対して斜めに置かれています。その理由を高塚さんが話してくれました。

「どの向きに建てるかを考えました。大切なのは、誰に見てもらうのかということです。この診療所に出入りする人々に見てもらいたい。そこで入口に向かって斜めに置くことにしました」。出入りする患者さんは碑をじっくり見ながら診療所に入っていきます。

よく考えられています。高塚さんは「今、これをつくってよかったなと改めて思います。条文をきちんと読んだことのない人が多いし。みんなが一字一句覚えているわけでもない。こうして碑にすると、ちゃんと読んでくれています」と話します。

「お披露目会」をしたのは2022年11月です。高塚さんは「世界ではウクライナで戦争が起きているけれど、日本は平和です。でも、平和は当たり前ではない。9条があるので日本は戦争できないのです。碑を観て、それを認識してもらいたい」と話しました。

碑の建設費として134人が計62万円を寄付しました。率先して募金したのが地元の詩吟サークル、革新新興吟詠会舞鶴支部の方々でした。お披露目会では2人が詩吟で「日本国憲法第九条」を吟じました。うち一人は、当時91歳だった池田貞子さんです。

「私ら、戦争でどんなに苦労したか。食べ物がなくなり、ひもじくて親子抱き合って泣いた。勉強なんかひとつもしとらん。低学年は校庭に畑をつくり、高学年は学徒動員で兵器などを製造する工場、工廠へ。空襲から逃れた防空壕には、血を流した人、人。戦争の悲惨さを知る人が少なくなるなか、憲法9条はほんまに大事」と池田さんは話しました。

お披露目会に先立つ30周年のもう一つの記念事業として、コメディアンの松元ヒロさんのソロライブをおこないました。集まったのは150人です。恒例の「憲法くん」で憲法前文をとうとうと語り、米国のベトナム帰還兵アレン・ネルソンさんの戦争体験や、平和憲法のアイデアを考えたのは戦後の首相、幣原喜重郎であることを軽快なジョークを交えながら語りました。観客の品田茂さんは「ステージにアレン・ネルソンさんが立って、舞鶴の私たちに『本当の戦争は、無慈悲で、残虐で、愚かで、そして無意味です』と全身で訴えかけているようなライブでした」と感想を述べました。

年が明けて2023年の正月、高塚所長は碑の建設で協力してくれた「舞鶴健康友の会」の会報で除幕式とライブの報告を寄せました。「みなさん、今年も平和を支える憲法9条を守る活動をしていきます。命と暮らしを守るためにはまず平和な世の中でなければなりません。『草の根運動』は微力ではありますが、無力ではありません。今年も訴えます」

人口約7万5000人の小規模な舞鶴市の小さな診療所、まいづる協立診療所に「9条の碑」ができたことは加盟する民医連を通じて全国に伝わりました。これを機に民医連は創立70周年記念事業として、傘下の病院や診療所が「9条の碑」を建立すれば10万円の助成金を出すこと決めたのです。

熊本県の「くすのきクリニック」からは「建立の経験を聞いて参考にしたい」と話があり、稲次事務長はオンラインで答えました。それに先立って稲次さんは診療所の職員にアンケートをすると、こんな回答が返ってきました。碑の建立からほぼ1年後です。

「毎日、出勤時に見て大変勇気づけられます。これを守らねばと新たな思いもわいてきます」

「石碑があることで足を止め見ることが増えました。意識を変えることまではないが、身近になったように思います」「憲法九条を見直すよい機会となりました。この活動が広がり、いろんな所に石碑が立ち、いろんな人に見ていただき考えていただければと。素晴らしい活動だと思います」

西舞鶴駅にお土産を売る観光案内の店がありました。「まいづる海軍金曜日カレー」は、軍艦の長い航海の間に曜日の感覚を忘れないため金曜日にはカレーが出たことが起源だそうです。肉じゃがもあります。東郷平八郎が英国で食べたビーフシチューの味が忘れられず部下に命じてつくらせたけれど、ワインもデミグラスソースもないので醤油と砂糖で味付けしたものが肉じゃがのルーツになったと、パンフに書いてあります。もっとも、広島県呉市も肉じゃがの発祥地と主張しています。東郷さんは舞鶴にも呉にも赴任していました。

でも、店員が勧めたのはカレーではなく万願寺とうがらしの佃煮です。「万願寺甘とう煮の山椒ちりめん」。京野菜の一つで、巨大な大きさから「とうがらしの王様」と呼ばれる万願寺は、この舞鶴が原産なのです。お寺ではなく地域の名が万願寺といいます。京都のトウガラシと米国カリフォルニアのトウガラシを掛け合わせて舞鶴で誕生したのだとか。買って帰ってごはんに載せて食べると、あとを引く味でした。

3　京都府綾部市
ライトアップされる碑

舞鶴市と京都市の間にあるのが綾部市です。西舞鶴駅から京都に向かうＪＲ舞鶴線で綾部駅までわずか約20分。山陰本線に乗り換えて、すぐ次の高津駅は無人駅でした。ここで降り、自動車がビュンビュン行き交う道を10分歩くと、４階建ての病院があります。京都協立病院です。付近にはほかに建物が見当たらないため、ひときわ大きく見えます。

回転ドアの入口のわきに、放物線を描いたような形、お公家さんの烏帽子を連想させる形の石碑があります。黒い地の表面に白く「日本国憲法・第２章　戦争の放棄」として９条が彫ってあります。この形に見覚えがあります。隣の兵庫県福崎町に２０１９年に建てられた「９条の碑」によく似ています。

碑が完成したのは２０２４年３月でした。同じ市内の別の場所にあった病院を新築移転してから20周年を迎え、その記念として碑を建てたのです。舞鶴の診療所に碑がつくられたのに、おおいに刺激されたといいます。

建立を発案したのは院長の玉木千里さんでした。２０２２年の12月です。病院と共催で碑を建てることになった綾部健康友の会の山口昭雄会長は「舞鶴より大きいものにしよう」とはっぱをかけたそうです。50万円を目標に募金を集め始めました。

山口会長と玉木院長は「自然石がいい」とこだわりました。事務次長の塩見好朗さんが石材店3社に見積もりを出してもらったところ、うち1社が「これやったら、ありますよ」と見せてくれた在庫の自然石が2つありました。一つは高さ3メートルで、幅が1メートルありました。いくら何でも大きすぎます。もう一つは高さ1・1メートル、幅は80センチでした。これくらいが適当です。

京都の能勢産の黒御影石でした。値段が50万円で目標額とぴったりです。あっさりと石が決まりました。磨いた正面に彫り入れる文字は、シンプルに憲法9条だけにしました。側面に「二〇二四年三月吉日建立」と、建立した「京都協立病院」「綾部健康友の会」が連名で記してあります。隣に赤いポストがあるので、赤との対比で黒い碑が目立ちます。

よく見ると、碑の前の地面に筒のようなものがあります。スポットライトです。夜はライトアップするのです。なかなかしゃれています。碑を建てる前、ここに庭園灯がありました。撤去しようとしたのですが、電気設備の業者がスポットライトを有効利用したらどうかと提案してくれました。夜は自動的に灯ります。LEDの白色光で照らされると、碑の表面は黄金色に輝きます。

2024年3月17日に「9条の碑」のお披露目をしました。友の会の山口会長は、この碑の前

ポストのそばに建つ9条の碑

で憲法集会をしたいと希望を述べました。碑が面した病院前は１５０台を止めることができる広い駐車場です。確かにこの場所なら大勢が集まれます。京都協立病院の初代院長だった川崎繁さんも駆けつけました。玉木院長はビデオのメッセージで病院の歴史を語りました。

京都協立病院の前身は１９５３年、１口50円で十数人が運動し、綾部市の個人の家で開設した「あやべ民主診療所」です。貧しい人々を親身になって診てくれる庶民のための診療所をつくろうとしたのです。民家の入口に簡素な看板を掲げた写真が残っています。１９８０年に綾部駅前に新築移転し、２００４年には京都協立病院と改名して現在の場所に新築されました。京都府北部の地域密着病院です。

病院のパンフレットを見ると、「地域との連携でいのちと暮らしを守ります。本院は差額ベッド代をいただきません」と書いてあります。戦後に創立した初志を今も貫徹しています。京都府北部には同一法人の診療所や介護事業所など10の事業所があり、まいづる協立診療所もその1つです。職員の合計は250人というから、かなりの規模です。

京都民医連の新聞を読むと、この病院から2024年1月に大地震で被災した輪島市に支援に行った、新人のリハビリ・スタッフ山本大貴さんの投稿が載っていました。輪島診療所の事務長が「災害の本当に怖いところは、人間から優しさを奪ってしまうことだ」と語ったことが心に残ったそうです。自分に余裕がなくなると、つい他人に厳しく当たってしまいがちです。

でも、輪島の診療所のスタッフは自分が被災したにもかかわらず、地域の人々に「太陽のような笑顔」で接していました。「この災害の場面で常に優しくいられるということは、日ごろから意識しておられるからだと思います。その優しさが被災者に光を照らし、前を向く勇気を与えることを実感しました」と山本さんは書いています。

2015年に戦争法が国会で可決された直後から毎月19日、病院の前で戦争法反対と憲法改悪を許さないスタンディングをしています。午後4時半から5時までの30分、病院の前で院長ら職員12〜13人がプラカードを持って立つのです。

綾部は、江戸時代までは「漢部」と書かれていました。古代に朝鮮半島から渡来した漢氏《あやうじ》が支配した、綾織りを職とする人々が住んでいたのが由来です。その伝統は近代になっても続き、明治時代には郡是製絲株式會社が設立されました。衣類の大手メーカーのグンゼです。今は本社が大阪に移りましたが、登記上の本店は今も綾部市です。市内の旧本社は記念館となっています。

この町でもう一つ名高いのが大本教です。明治時代に出口なおと娘婿の出口王仁三郎が興した神道系の新宗教で、戦前の弾圧でむしろ名高くなりました。日露戦争で東郷平八郎の参謀として日本海海戦を勝利に導いた秋山真之も信者でした。あの名高い「本日天気晴朗ナレドモ浪高シ」の電文を考えた人です。今も綾部市内の大本神苑には壮大な神殿があります。

もっと昔でいえば、室町幕府を開いた足利尊氏が生まれた安国寺もこの町にあります。なにかと歴史の話題になりそうです。和紙の紙すき体験や竹林での座禅体験、仏像彫刻体験、さらには明治時代に使われていたかまどに薪をくべてご飯を炊く「おくどさん」体験もできると観光パンフに載っています。もちろん温泉もあります。碑を訪れるついでに観光するのも、いいかも！

〈中国・四国〉

1　岡山県倉敷市
瀬戸内海を見下ろす丘に

倉敷といえば白壁の町並みやレンガの建物が続く美観地区で有名です。倉敷川沿いに大原美術館や洒落たカフェ、土産物屋や懐石料理屋さらに国産ジーンズ発祥の地であることからデニムの店も並びます。大きな鯉が泳ぐ川には観光客を乗せた川舟が行き来し、白鳥もゆったりと漂っています。実に絵になる風景で、私が訪れたときも英国人の若い絵描きが画架を立ててスケッチしていました。

しかし、倉敷市内でも瀬戸内海に面した水島地区に行けば、石油コンビナートの煙が上がる瀬戸内工業地域です。この町は重化学工業の中核都市でもあるのです。水島地区と高梁川をはさんで対岸にあるのが玉島地区。貿易港や新幹線の新倉敷駅があります。海に近い山の上にある曹洞宗の円通寺は、良寛さんが若いころ修業した寺です。急な石段をあえぎながら上ると、境内に良寛さんの等身大の銅像が立っていました。

ここからさらに瀬戸内海に向けて南下すると、小高い丘の上に白く巨大な病院がそびえます。

倉敷市を中心に医療・介護事業を行う倉敷医療生協の玉島協同病院です。建物に向かって右側の花壇に、陽光を受けて白くまぶしく輝く石碑がありました。「日本国憲法　第九条の碑」です。

瀬戸内海の陽光を浴びて輝く9条の碑

輝いて見えるのは、瀬戸内海の強い日差しのせいばかりではありません。白い御影石の中央にステンレスの銘板を貼りつけ、9条を刻んであるからです。黒字で書いた9条が陽光に照らされて浮き上がって見えます。さらに石碑の上から白いハトが2羽、浮き彫りでなく立体彫刻なので今にも飛び立つかのように見えます。観ていてワクワクします。

碑の高さは1メートルで、台座を含めると平均的な人の肩の高さになるように設計されています。幅は1・3メートル。厚みが20センチ。碑に寄りかかっても大丈夫です。石の中に鉄の心棒が2本入って、碑が倒れないように支えています。見た目も実際も頑丈で、ガッシリと堅固に平和を守り続ける姿勢を、碑の存在そのものが示しているようです。

碑の後ろには「建立の経緯」が綴られています。「倉敷医療生活協同組合創立七十周年にあたり、日本国憲法の精神をより豊かに花開かせることを目的とした『組合理念』に基づき、『憲法』を事業と暮らしの中に生かす運動の発展をめざすため広く賛同を集め、ここに『日本国憲法第九条の碑』を建立する」

建立したのは倉敷医療生活協同組合と玉島協同病院、玉島歯科診療所の「日本国憲法第9条の碑をつくり守る実行委員会」です。２０２３年に倉敷医療生協が発足70周年を迎えました。記念行事として何かしたい、と考えたのは玉島協同病院の事務長、青木弘人さんです。健康事業部の次長、河原素さんとともに9条の碑をつくろうと思いつきました。

医科・歯科事業所と玉島・浅口ブロックの組合員で実行委員会を立ち上げました。活動を開始したのは２０２３年11月です。事務に詳しい青木さんはすぐに実行委員会の規約をつくりました。デザインも考えました。そのころは全国各地の民医連系の病院で9条の碑を建てる動きがあったので、「他の病院より大きいものにしよう」と張り切ったのです。

壁にテープを貼って碑の外郭を形どり、大きさやデザインをあれこれ考え合いました。完全に四角くすると墓石のように見えるので角は丸くしよう、いや「9」の字にしよう、などアイデアが出ます。そのうちにハトを入れようという発想になり、碑にハトが飛んでいる形を彫り入れよう、いやそれだけでなくもっと見栄えがするように……そんな話から、碑の上にチョコンと飛び出るように2羽の彫刻を置くことになったのです。

どうせならふっくらとしたハトがいい、とアイデアを出したのは実際に彫刻を手掛けた石屋さんでした。デザインが固まると、石屋さんは白い段ボールで本物そっくり、実物大の模型を製作しました。これでいいかとさらに念入りに検討しました。

碑の制作のため目標を150万円にして資金を集めました。1口500円で組合員を中心に募集したのです。集め方がなかなか知恵を働かせたものでした。2024年3月1日に発行したチラシの第1号は「建立にご協力をお願いします！」と赤い文字で書き、9条の碑の模型の写真を掲げました。その後、進捗のたびにチラシを新しく印刷して配ったのです。

3月19日の第2号は「賛同金20万円を突破！」の下に碑の基礎工事の写真を出しました。第3号は4月10日で「40万円を突破！」、4月15日には「100万円を突破！」とした第4号に石屋さんが石碑を加工している写真をつけました。4月22日の第5号で「120万円を突破！」、5月13日の第6号では「130万円を突破！」です。つまりクラウドファンディングを目に見える形にしたのです。これで運動に弾みがつきました。

完成までに集まったのは目標を上回る153万円、応じたのは389人です。1人で20口を出した人もいます。医療生協理事の和泉かよ子さんは1人で90人分を集めました。

2024年6月2日に碑の前で行った除幕式には100人近い人が集まりました。晴れ渡った青空の下、紅白の幕を背にして白い碑がいっそう輝いて見えます。碑の両脇には組合員が折った色とりどりの千羽鶴が束になっていくつも下がります。

碑の台座には遺影が置かれました。建立実行委員会の委員で倉敷医療生協南浦支部の運営委員長だった渡辺愛子さんです。碑の建立を楽しみにしていたのですが、5か月前に病気で亡くなりました。渡辺さんにもいっしょに祝ってもらおうと写真を準備したのです。

式が開始し実行委員会を代表してあいさつに立ったのが和泉さんです。「9条の重要性を知らない人がまだ多い。たくさんの人に観てほしい」と話しました。着ているTシャツの背には「いつまでも戦後でありますように」と手書きしています。昨今の日本が「新しい戦前」になってきていることを危惧したものです。

続いて倉敷医療生協の高羽克昌専務理事と玉島協同病院の進藤真院長がお祝いを述べ、「先人が困難な中で実現した恒久平和や基本的人権を暮らしと命、医療活動をする中で守り続けたい。碑に書かれた言葉を守ることをみんなで意識しよう」と呼びかけました。

いよいよ除幕です。倉敷医療生協の副理事長、早川高子さんら5人が前に出ました。CDから流れるファンファーレが鳴り止んだのを合図にいっせいに紐を引くと、白い布がとれて美しい9条の碑が姿を見せます。大きな拍手が沸きました。

そのあとは記念植樹です。植えるのはオリーブの木。実行委員会メンバーの永光静恵さんが自分で買った苗木を持ち寄りました。オリーブといえば平和の象徴。瀬戸内の名物でもあり、まさにふさわしい木です。碑のそばに植えました。

9条の碑が完成した今、建立を最初に言い出した青木さんは「世界では戦禍が止まず、日本政府も『戦争をする国づくり』に突き進んでいます。命の重みと大切さを知る医療介護事業所に、この碑を建てる意味は大きく、地域の平和のシンボルとなるように取り組みを続けていきます。運動は、碑の完成で終了ではなく、平和な日本、世界であり続けられるよう、玉島から発信し続けなければならないと考えています」と語ります。

募金などでがんばった和泉さんは「組合員の中から9条の碑の声が出てうれしかった。キナ臭い政治が続き改憲が叫ばれ、いつ戦争が始まるのか心配だけど、私たちが『九条の碑』を心に刻み、医療生協の活動を通して出会い、知ること、学ぶこと、行動することを拡げたい」と話します。

私がこの9条の碑を訪れたのは、除幕式から3か月後の9月9日です。「9」が重なるこの日の朝、倉敷では「平和の鐘つき」が行われます。全国各地で8月6日、9日、15日などに鐘つきが行われていますが、倉敷医療生協は２０１０年から9月9日午前9時9分に行っています。

この日は倉敷の35か所のお寺でいっせいに鐘をつくことになっていました。私は倉敷医療生協労組の山下順子さんに車で連れられ、倉敷中心部から6キロ離れた藤戸地区を訪ねました。平安時代の末期、源氏と平家の合戦が行われた地です。一の谷の戦のあと、藤戸合戦で敗れた平家はさらに西に落ち延びて屋島、壇之浦の合戦で滅亡するのです。

藤戸の戦では源氏の武将、佐々木盛綱が馬に乗ったまま海をわたって敵方に攻め寄せました。盛綱は海の浅瀬を教えてくれた漁師を口封じのため殺しました。その漁師の霊を鎮めるためにこの寺で法要を行ったと言い伝えられます。それを物語るのが今に残る謡曲「藤戸」です。

地区の中心にある藤戸寺は奈良時代に創立された古刹です。境内の一角には平家物語の沙羅の花が植えてあります。本堂の前には立派な鐘つき堂があり、17人の男女が集まっていました。代表の川村さんが「自民党の政治家によって憲法9条が目の敵にされ、壊されようとしています。みんなでがんばって守りましょう。それぞれ自分の思いを込めて慣らしてください」と話すと、1人ずつ鐘楼に上がって鐘をつきました。髙橋春江さんは「世界平和と戦争のない世の中を祈って」、三宅真理子さんは「みんなと地域の人々の幸せを祈って」ついたそうです。

鐘をつき終わったあと、参加者は鐘楼のそばに輪になって座り、戦争体験を話す交流会をしました。お母さんが広島で被爆した女性は「母は13歳で被爆しました。ピカッと光ったのですぐに溝に隠れたあと黒い雨を浴び、その後の3年間は髪が抜け下痢が続いたそうです。今、私は母が死んだ年になりました。被爆2世の会に入って運動しています」と語りました。

このような話を聴いたあとで、私は9条の碑を観に行ったのです。碑を前にして厳粛な思いに浸らずにはいられませんでした。この日は瀬戸内ならではの快晴の日で、「九条の碑」はまぶしく輝いていました。そしてオリーブの木は植樹からわずか3か月にして早くも大きな実をたくさんつけています。「平和よ、育て」というみなさんの願いを実をもって、いや身をもって受け止めているかのようです。碑を取り囲むように桜の樹が何本も植えられていました。花見の時期には9条の碑を囲んでお花見も楽しめそうです。

2 島根県江津市
地元文化を示す瓦のモニュメント

日本海に面した島根県江津市。かつて石見銀山があったことで名高い島根県西部の石見地方の一画です。人口密度の少ない山陰地方でも最も人口が少なく、また島根県では最も面積が狭い市です。東京からの移動時間距離が全国で最も遠い市とされ、地元でも「東京から一番遠いまち」と宣伝するほど。ここに、この町ならではの文化を表現する憲法9条の碑がつくられました。

瓦を敷き詰めて壁のようにしたモニュメントです。鉄筋コンクリートの表面に30センチ角の瓦を貼り付け、そこに文字を焼き付けています。ただの瓦ではなく、この地方特産の石州瓦。他の瓦よりも1000~2000度も高い1200度以上、さらに1300度にも達する高温で焼き締めるので「100年瓦」と呼ばれるほどの耐久性があります。ひびが入りにくく、耐熱、耐寒、塩害にも強いスーパー瓦です。たたけば金属のような硬い音がします。

色は独特の赤褐色です。山陰地方をまわると屋根が赤いことに気づきます。同じ島根県の出雲地方で産出する鉄を含んだ「来待石《きまちいし》」を釉薬として使うからです。来待石は凝灰質の砂岩で耐火度がきわめて高く、江戸時代から伝統工芸品の出雲石灯篭に使われました。

四角く焼いた石州瓦に文字を焼きつけ、横に11個、縦に7個、マス目のように並べています。モニュメントの高さは3メートル、幅は3・5メートルもあります。厚さも30センチです。瓦というよりも壁といった方がふさわしく感じる堅牢な碑です。倒れないように地下1・5メートルまで埋め込んでいます。屋根までつけています。木組みで、こちらは来待瓦です。芸術品のような碑です。

前面の上には横書きで「日本国憲法」そして公布と施行の年月日が、その下には憲法前文の抜粋が書かれています。「日本国民は、（略）、政府の行為によって再び戦争の惨禍が起ることのないやうにすることを決意し、（略）、この憲法を確定する。日本国民は、恒久の平和を念願し、人間相互の関係を支配する崇高な理想を深く自覚するのであって、平和を愛する諸国民の公正と信義に信頼して、われらの安全と生存を保持しようと決意した。日本国民は、国家の名誉にかけ、全力をあげてこの崇高な理想と目的を達成することを誓ふ。」。そのあとに「第2章　戦争の放棄」として第9条を書いています。

後ろにまわると、印字した縦書きの文章が並びます。表題は「幣原喜重郎のリアリズム」。憲法9条のアイデアを出した戦後の首相、幣原がどんな思考を経て戦争放棄を思いついたのか、今に残る憲法調査会の文書の抜粋を延々と連ねているのです。

「今こそ平和のために起つ秋ではないか。そのために生きてきたのではなかったか。そして僕は平和の鍵を握っていたのだ。何か僕は天命を授かったような気がした」

瓦でつくられた9条の碑（多田正哉さん提供）

「要するに世界は今、一人の狂人を必要としているということである。何人かが自ら買って出て狂人とならない限り、世界は軍拡競争の蟻地獄から抜け出すことができないのである。これは素晴らしい狂人である。世界史の扉を開く狂人である。その歴史的使命を日本が果すのだ」

　こうした幣原の言葉の後に、こんどは日本国憲法が施行された１９４７年に文部省が中学１年用の教科書としてつくった「あたらしい憲法のはなし」の一部を書いています。「（略）これからさき日本には、陸軍も海軍も空軍もないのです。これを戦力の放棄といいます。しかしみなさんは、けっして心ぼそく思うことはありません。日本は正しいことを、ほかの国よりさきに行ったのです。世の中に、正しいことぐらい強いものはありません（略）」。それぞれの勘所をうまく簡潔にとらえて記しています。

碑を建てたのは長く酪農を営んできた多田正哉さんです。私が知ったとき86歳でした。このモニュメント、今でさえ大きいのに最初は全国にネットで寄付を呼びかけ、この3倍の規模のものを県道沿いののり面に造ろうと考えたそうです。しかし、島根県の同意が得られず断念し、江津市後地町の所有地に自費で建てることにしたのです。かかった費用は約200万円だそうです。

建立は2022年6月です。建立を急いだのは改憲勢力が国会の議席の3分の2を越えて危機感に駆られただけではありません。多田さんには難病の持病があります。全身性アミロイドーシスという、異常なたんぱく質が心臓などに沈着し機能障害を起こす病気です。心臓が肥大し、「あなたの心臓はいつ止まってもおかしくない」と大学でいわれました。「早くつくらなければ先がない」と焦りを感じたのです。

「石ではないけれど、叩き壊さない限り文字は消えません。9条は変えられても文字と心は変えられません」と多田さんは話します。

今は酪農をやめ、娘さんが牧草地を活用して不登校の子どもたち向けに馬のセラピーをしています。やがてフリースクールを開業するのだとか。馬に乗った子どもたちがこのモニュメントの前を何度も通ることでしょう。じっくり読んでほしいものです。

3　香川県綾川町
人々に尽くした議員の墓として

東京から岡山駅まで新幹線で3時間余り。ここから列車「マリンライナー」に乗ると、間もなく瀬戸大橋に吸い込まれます。橋げたの左右は海が広がって小さな島々が点在し、夕日にシルエットを描きます。実にのどかな風景です。凪いだ海を観ながら瀬戸内海を渡って出発から約1時間後、香川県の高松駅に着きました。

改札口で迎えてくれたのはピースボートやコスタリカへの旅仲間、孝岡弘子さんです。東京で長く小学校の教師をしていただけにモダンな感覚を持ち、頭の赤いベレー帽が可愛い。喜寿を迎える白髪のおばあさんですが、話しぶりも身体の動きも10代の少女のように若々しく茶目っ気があります。彼女の知人の安藤温子さんが「9条の碑」を自宅の前に建てた、と聞いて東京からやってきました。

弘子さんが運転する車で出発します。高松駅の前から一直線に伸びる空港通りをひたすら走り、郊外に出たところで山道へ、さらに細い道に入り、1時間で着いたのは綾川町。讃岐うどんの発祥地といわれる山奥の町です。

暗闇に疎水の流れる音がします。疎水に面して建つ2階建てが安藤温子さん宅でした。わきの駐車場に、夜目にも立派な石碑が立っています。「9条の碑」です。右側が丸く、左側が尖った変則な形で、高さは70センチ、幅は1・1メートルあります。高さ60センチほどの四角い石の台座の上にあるので、いっそう重厚さを感じさせます。

安藤さんに碑を建てたいきさつをうかがいました。夫の利光さんが2023年8月に75歳で病死しました。綾川町会議員を12期にわたって務めた篤実な方です。生前、「墓はいらない」と話していたけれど、温子さんは夫の思い出になる何かを残したいと思いました。

2024年5月に香川民医連で私がオンラインの講演をしたのを聴いて全国で9条の碑が広がっていることを知り、「今、私にできる事はこれだ」と思ったそうです。利光さんのお墓の代わりに9条の碑を建てることにしたのです。

幸い、利光さんのあとを継いで議員になった三好和幸さんが石屋さんでした。高松市には全国的に名高い庵治石《あじいし》という高級石材が産出します。きめ細かい花崗岩です。大きな玉石を切り取って加工し、表に「9条の碑」の文字と戦争放棄の条文を彫りました。石碑の場合、多くは「九条」としますが、こちらは「9条」とアラビア数字です。「その方が可愛いから」と温子さんは笑っていいます。

碑の後ろ側には別の四角い案治石をはめ込んで銘板としました。「憲法をくらしに」の言葉のあとに仲間の町会議員5人の名前が入っています。そのあとに安藤利光さんの名が出てきます。

他は活字ですが、「安藤利光」の字体だけは利光さん本人の書体を写しました。三好さんは丹精込めて、半年でつくってくれました。完成したのは11月2日です。

家の前の道は通学路です。子どもたちに日本国憲法・9条を知ってほしいと思いました。「声を上げて広めようとは思わん。うわさで静かに広まってほしい。静かにさざ波のように広がって、いざとなれば大波になればいいなと思う」と温子さんは語ります。

夫の墓代わりに建てた9条の碑と安藤温子さん

あらためて碑をしげしげと見ると、碑文が彫られた表面は実にきめ細かく、指で触るとツルツル滑ります。さすがに名石です。石の周囲が自然の変色で茶色になり、それが絵の額縁のようなアクセントになって、なかなか味わいがあります。三好さんは「アートとして誇れるものにしたいと思った」と語ります。

安藤利光さんは、どんな人だったのでしょうか。
亡くなったときに町会議員一同の名で贈られた告別の辞が、町議会の広報誌「議会だより」に載っています。安藤さんは1978（昭和53）年に旧綾上町の町議会議員に初当選して以来、平成の町合併を経て45年3か月にわたって町議会議員を務めたのです。ほぼ半世紀にわたって議員でした。その間、議会運営委員長のほか教育や広報の分野で活躍しています。「原稿用紙に向かって、一字一句、丁寧に筆を進める姿、カメラを手に東奔西走する姿」が印象に残っていると「議会だより」にあります。

利光さんと親しかった方たち7人に、利光さんの人柄をうかがいました。誰もが語るのが、「面倒見のいい人だった」ということです。困った人がいればすぐに声をかけて助けたというのです。一人が苦笑しながらいいました。「私が誰かに親切にしても、お礼にいわれる言葉は『安藤さん、ありがとう』だった」と。安藤さんのあまりに親切な性格が住民の心に焼き付いていたため、だれかが他人に親切な行為をしても、すべて「安藤さん」がしたように思われたのです。「安藤さんは神様みたいな人でした」という人もいます。

あちこち出かけては「困ったことはありませんか」と聞いてまわり、困りごとがわかれば手を尽くしました。奥深い山の中の家が雪に埋まって住民が外に出られないと聞けば、すぐに駆けつけて一人で除雪したし、相談された事には必ず解決のために走りまわり、問題がどうなっているのか途中経過を詳しく語ったといいます。

高齢で車の運転もできない人が多い地区に住む人々のために、町から補助金を出してスーパーが小さな車で移動販売する「移動スーパー」の仕組みもつくりました。住民がお礼にキュウリを持って行けば、安藤さんはそれを近所の人たちに配ったそうです。毎年、広島での原水禁世界大会に息子を連れて参加していました。平和行進には、病気になってからも最後まで麦わら帽子をかぶって参加し、平和を訴えていました。

聞けば聞くほど、農民詩人の宮沢賢治に姿が重なります。「東に病気の子どもあれば行って看病してやり、西に疲れた母あれば行ってその稲の束を負い…」という「雨にも負けず」の詩を思い出しました。

温子さんは「夫は、全てを終わりにするから、戦争だけは絶対にしてはいけない。阻止しなければ。先人たちの失敗を繰り返してはいけないとよくいっていました。今、香川でも防衛省による高松港軍港化で自衛隊の艦船が入港しています。県知事は高松空港も軍港化すると話しています。焦りを感じます」と語ります。

香川県は保守的で自民党王国の土地柄ですが、安藤さんと接した住民は「わしらは安藤党よ」といっていました。最後の選挙で安藤さんは病に倒れて選挙運動もできなかったのに、16人の議員の中でトップ当選でした。

温子さんはこうした皆さんの声に黙ってうなずき、ニコニコ笑うだけです。話を聴き終わると、もう夜9時でした。帰ろうとすると「うどんを食べて行って」と引き留めるのです。手製の肉うどんを出してくれました。さすが讃岐うどんの発祥地です。麺が太くて、コシがあります。おいしい。あまりに量が多くて食べきれないと思ったのですが、美味しくてお汁まで平らげてしまいました。

平安時代に遣唐使として唐に渡った空海が「饂飩《うんどん》」を四国に伝えて讃岐うどんが誕生したという言い伝えがあります。『たべもの文明考』（大塚滋著）によれば、中国から伝来した小麦粉の団子を煮た菓子の「餛飩」が熱いので「温飩」と書かれ、食べ物だからと「食」偏をつけて「饂飩」となり、室町時代に縮まって「うどん」となったということです。

香川県は自ら「うどん県」を名乗ります。あちこちにうどん屋さんがあり、味を競います。全国では麺といえばラーメンやソバが主流ですが、ここだけは違う。９条の碑も、同じ石碑といっても他とは違う味わいがあります。

ところで、温子さんはどんな仕事をしてきたのかをうかがうと、看護師を25年したそうです。務めた病院の名は高松平和病院でした。実は翌日、この病院に行くことにしていました。完成したばかりの９条の碑の除幕式に参加するためです。

真っ暗な道を再び孝岡弘子さんの運転で高松市に戻り、ホテルに入りました。そのホテルの隣にあるのが高松平和病院で、入口のわき、大きな四角い形にビニールシートがかぶせてあります。これが完成したばかりの９条の碑でした。どんな碑ができたのでしょうか。シートから出てくる碑が楽しみです。

4 香川県高松市
平和なくして医療は成り立たず

香川県高松市といえば、名高い栗林公園があります。国の特別名勝に指定された江戸時代の大名庭園で、日本三大名園と呼ばれる水戸の偕楽園、金沢の兼六園、岡山の後楽園よりも広く、庭の美しさが優れているといわれます。

ＪＲ高松駅から南に真っすぐ伸びる大通りを車で7分走ると、右手に緑深い森が広がります。背後には、都市の中心部にしては異様なほど巨大に思える紫雲山がそびえ、山裾に75ヘクタールもの広大な公園が広がります。栗林というけれど、見事なのは栗でなく１４００本の松の樹です。水戸光圀の兄が初代高松藩主となり３００年にわたって手入れされてきました。大きな盆栽のような見事な枝ぶりの松の大木が並びます。

栗林公園に差し掛かったところで左手を見ると、道路の反対側に6階建ての病院が建っています。高松平和病院です。入り口にどっしりと座る黒い石碑。中心には青い目の宝石のようなものが輝いています。これが「９条の碑」です。

全国にある多くの「９条の碑」は、割と目立たない場所にあります。しかし、高松の碑は大いに目立ちます。栗林公園の目の前で、しかも片側3車線のバス通り沿い。嫌でも目に留まります。近寄って、しげしげと見ましょう。

歩道に面した病院の花壇に、幅1・5メートル、高さ1メートル、厚みが18センチもある御影石が黒く光っています。正面は縦に3分割して、両側が少し内向きになっています。三面鏡のような形です。中央に「憲法九条の碑」と、踊るようなユニークな書体で彫ってあります。市内で習字教室を開く書家で「豊山」の号を持つ山内豊さんの筆です。この「九」の字体は、山内さんが「頭をもたげようとする千羽鶴をフォルムにしたい」とこだわって工夫したのだそうです。

山内さんは多彩な芸術家です。書だけでなく文字を編み物で表現するニット作家でもあります。毛筆で書いた下書きを方眼紙に写し、その通りに毛糸で編みこむのです。こんな手間暇かかる方法で、2002年には5か月かけて、憲法前文の後半を盛り込んだ巨大な壁掛けをつくりました。縦1・8メートル、幅は4・2メートル。畳4枚分を越す大きさです。手元にある毛糸を使うので、色とりどり。さらに2か月かけて憲法9条の条文を編み込んだ巨大な壁掛けを2つもつくりました。

こうした活動が評価されて9条の碑の書を依頼されたのです。山内さんは「小泉元総理が憲法前文を猛烈に攻撃し憲法の理念を踏みにじりました。あの時から私の憲法を守るという思いは微動だにしません」と話します。ロシアのウクライナ侵攻やイスラエルのガザへの攻撃について「心が痛みます。武力の応酬でなく対話で平和をと願い、自分に何ができるかと考え、書やニッ

高松市9条の碑のそばには緑の「九条プレート」も

トを通して今も訴え続けています。タペストリーに編み込むと、柔らかく平和や人権への思いが伝わるでしょ。憲法は理想であって、現状に合わないのは当然。大切なことは、その理想に近づこうと努力することです」とも。

「九条の碑」の文字の下には青色のガラス玉が埋め込んであります。市内の特産の庵治石の粉を混ぜてつくった庵治石ガラスです。ガラス玉の周囲には広島で被爆したアオギリから芽生えた「アオギリ2世」の葉の模様を浮かし彫りしました。9条を示す9枚の白い葉が青い球を守るように取り囲みます。青色は平和を象徴するとともに、地元の瀬戸内海の色でもあります。

ガラス玉の両側に憲法9条の条文を刻みました。平和の象徴オリーブの葉をくわえた白いハトがそれぞれ内側を向いて飛ぶ姿も白いシルエットにして彫っています。ハトを刻んだ部分が斜めになっているため碑の両翼に動きがあり、碑そのものが翼を広げて飛び立とうとしているようにも思えます。どっしりとした中にも力強い動きを感じさせる作品です。市内の石工、大川弘展さんの力作です。碑の横には東京・足立区の9条の会が作成した「九条プレート」を2つ、立てました。一つは英語、もう一つは中国語で憲法9条が書かれています。

２０２４年12月８日、強い風が吹きつける中、除幕式が行われました。碑を建てた香川民主医療機関連合会の「憲法9条の碑プロジェクト」を代表して、高松平和病院の原田真吾院長が「平和でなくては医療は成り立ちません。9条の碑でもっと身近に平和を感じ、医療に活かしたい」と話します。

８月15日に生まれた香川医療生協の北原孝夫理事長は「戦争で亡くなった人たちの思いを引き継ぐのが私の運命です」と語り、常務理事の井川依志美さんは「日本政府は臆することなく反核で世界をリードしてほしい」と声を上げます。

病院のリハビリ室でレセプションが開かれ、9条の碑が全国で急激に増えていることを私は語りました。最後に原田院長がサックスで、娘のこはるさんがフルートで伴奏し、参加した70人が「青い空は」を合唱しました。原田さんは高校時代からバンドを組んでサックスを吹いているのです。奥様はピアニストです。毎年、発表会では家族で演奏しています。民医連の病院の院長には、なかなかさばけた多趣味な人が多いようです。

式の開始にあたって参加者にわたされたのが茶色い表紙のパンフレットです。黄色いハトがオリーブの葉やカギをくわえて飛ぶ図柄が描かれています。14ページもあって、院長と私の対談や9条の碑に寄付した方の名前などが載っています。作成したのは香川民主医療機関連合会の事務局長、花谷忍さん。9条の碑の完成記念にわざわざ製本した小冊子まで用意したのは、全国でもここだけです。

病院の正面には「医療費でお困りの方、まずはご相談ください」と書いた大きな横断幕がかかっています。医療費が十分に払えない人々に無料低額診療を実施しています。たまに救急車が「これは平和さんの案件やな」といって、他の病院では受け付けない患者を運んできます。この病院は弱者に優しいのです。

原田院長に病院を案内していただきました。「まず見ていただきましょう」と自信ありげな言葉で連れられたのは5階です。エレベーターのドアが開いたとたん、驚きました。高級ホテルかと思ったのです。なんとホスピスでした。終末期の患者が過ごす場所です。市の中心部の病院にホスピスがあるのです。個室が21もあります。

壁の向こうはホテルのロビーのようなしつらえで、大きな窓の向こうに栗林公園が広がっています。ちょうど紅葉の季節で、目を見張る美しさです。まるで絵葉書のよう。西行は「願はくは花の下にて春死なむ」と歌を残しましたが、ここでは見事な紅葉や緑に満ちた自然を人生の最後の光景として目に焼き付けて眠りに就くことができるのです。

病院の創立の事情を聞くと、困難な状況を乗り越えてきた歴史がありました。発足したのは戦時中の空襲の跡が残る1949年です。肺結核の手術では四国で第一といわれた外科の宮脇医師と女性の看護師、事務長のたった3人で高松診療所を開きました。「道具は聴診器1本と風呂敷包みの薬が少々」だけ。このときから「安くて良い医療」を徹底し、年中無休のうえ、宮脇医師はチェーンがはずれる古い自転車で往診したのです。自分が重症の病気になると自分でった車いすで診療していました。

大きな病院に建て替えることになり金融公庫に融資を断られると、地域の人々が不足の資金1億円を出して新しい病院が完成したのです。全国に先駆けて老人の医療費を無料化しました。さらに1984年に現在の場所に新病院を建てたのです。全国の医療生協の中で都心の一等地に病院を建てたのは、ほかに東京都文京区の東京健生病院だけでした。

増改築を重ね3つの診療所や2つの訪問看護ステーションなど8つの施設を持つまでに発展しました。「住民が主人公」を掲げ、「非営利・共同」の精神で治療をしています。現在の高松平和病院は常駐医師が15人、職員の総数は300人を超します。

あらためて原田院長に碑を建てたいきさつをうかがうと、「病院の前で毎週月曜日に行う平和スタンディング行動が100回を超えました。平和への思いを何か形にしたいと思った。碑を建てることで職員や組合員を巻き込んだ運動になると思った」といいます。宮城県塩竃の病院がそんな形で9条の碑を建てたことが刺激になりました。

「香川の県民性は目立つことをしたがらないことです。募金の目標を100万円にしたところ無理だといわれました。でも、若者は平和行進で盛り上げてくれた。外来の診察の時に個人の寄付だけど『高松空襲を語り継ぐ会』の団体名で寄付したいという人がいました。空襲を語り継いだ証を碑に残したいというのです。こうして200万円以上の賛同金が集まりました。思った以上の盛り上がりです。平和病院が築いた歴史あったからこそ、できたことです」

除幕式が終わると、再び孝岡さんの車で高松駅に向かいました。駅前に讃岐うどんの店があります。満員だし、客が10人以上も並んでいます。でも、名物のうどんを食べずに高松を去るわけにはいかない。里芋やカシワ、ゴボウなどがたっぷり入った冬場限定530円の「しっぽくうどん」をかきこみ、列車に乗ったのでした。瀬戸大橋から眺める瀬戸内海は陽光を反射して、あの「九条の碑」の青いガラスのように輝いていました。

〈九州・沖縄〉

1 鹿児島県奄美市
ミサイル基地の島に9条ワクチンを

九州の南から台湾のごく近くまで伸びる南西諸島は、今やすっかりミサイル基地と化してしまいました。私は2020年から沖縄の石垣島、宮古島、与那国島などまわって基地の現状を観たあと、2023年2月に鹿児島県の奄美大島を訪れました。

高台の自動車道から眺めると、はるか向こうの丘の上に緑色の建物が延々と続きます。陸上自衛隊の奄美駐屯地です。防衛省がゴルフ場を買収してミサイル基地にしたのは2019年でした。平たく伸びる部分は射撃場、右側の盛り上がった部分はミサイルの格納庫です。ここには中距離地対空誘導ミサイル部隊、島の南部にある瀬戸内地区には地対艦誘導ミサイル部隊が配備されています。自衛隊員は合わせて約560人です。

もっと近寄って入口に行きたいと思ったけれど、島の人は「以前は入口で写真も撮れましたが、今は厳重に監視していて、近寄っただけで多数の隊員が出て来て囲まれます。撮影しようものなら、データを消すまで解放してくれません」と話します。どんどん警戒が厳重になっているようです。もはや海外の軍事基地なみです。

島の人々は自衛隊に対して、沖縄の人々ほどの拒否反応はないようです。２０１０年の水害のさい自衛隊が災害救助に来たことや、戦時中に沖縄と違って地上戦がなかった事情が背景にあります。

南の古仁屋港からフェリーに乗って、加計呂麻島《かけるまじま》に行きました。戦時中に旧海軍の特攻艇「震洋」が復元されて壕に潜んでいます。小説『死の棘』の作者、島尾敏雄は戦時中、震洋特攻隊長でした。終戦の２日前に出撃命令を受け、待機中に戦争が終わり命を拾ったのです。彼の文学碑が立っています。

ほかにも砲台跡など戦跡を巡り、その晩は「奄美を戦場にしないために」という題で私は講演をしました。参加者の中に奄美中央病院のお医者さんや看護師さんたちがたくさんいました。

それから10か月もしないうちに、奄美中央病院に「９条の碑」ができたと写真が送られてきました。地元の新聞の記事を読むと、私の講演がきっかけで建立したと書いてあります。いや、いくら何でも早すぎます。前々から準備していたのだろうと思い、奄美中央病院の事務長、田川浩一郎さんにいきさつを聞きました。

講演の参加者の中に奄美中央病院の平元良英院長がいました。講演の中で舞鶴市の診療所に「９条の碑」ができたことを聞きながら、「これはもう、せんといかん」と碑の建立を決意したそうです。日ごろからウクライナなどの動きで不安を感じ、何かしたいと思っていたところでした。

会議を開いて碑の建立を提案すると、即決でみんな賛成してくれました。地元の医療生協や奄美民主団体協議会に働きかけ、３か月後には募金を開始しました。手作りの募金箱を病院の主だったところに置いたのです。90歳を超えた女性の患者が「私が全額出す」といってくれましたが、お礼をいって少額にしてもらいました。そのくらい、みなさんが奮起した。このためわずか半年で42万円の建立資金が集まりました。

奄美医療生協の理事をしている石材店の濱田幸造さんが碑の制作を格安で引き受けてくれました。10月から工事を始め、12月１日には除幕式となったのです。日ごろからつながりが深かった人々の連携が功を奏し、あっという間にことが運んだのです。

台座の上に置かれた碑は高さ85センチ、幅が90センチ、奥行きは９センチ。デザインは、舞鶴の９条の碑を参考に濱田さんが考えました。碑の表に「戦争の放棄」として９条が彫ってあります。最後の行に「二〇二三年十二月」と建立の日付が入っています。

裏面には憲法の前文の冒頭の「日本国民は、正当に選挙された…主権が国民に存することを宣言し、この憲法を確定する」が彫り込まれています。実は予算の都合上、裏は何も書き込まないはずでした。でも、奄美医療生協理事長の福﨑雅彦さんが「前文を踏まえてこそ９条の大切さが伝わる」と力説したのです。

カンパが予想以上に集まったこともあり、濱田さんは発奮して赤字覚悟で価格以上の仕事をし

9条の碑　左から二人目が平元良英院長（奄美中央病院提供）

てくれたのでした。沖縄を除く九州で初めての「9条の碑」は、こうして完成したのです。

除幕式が行われた12月1日は、ウクライナでの戦争が続くうえ、イスラエル軍がガザに侵攻した時期でした。式での平元院長のあいさつが秀逸です。かなり長いのですが、後半の部分をそのまま紹介しましょう。

「9条で平和を守れるか？　北朝鮮や中国をみて『日本も軍備配置せんといかん』という潮流があります。奄美空港で自衛隊機離着陸訓練があり、インタビューを受けた市民は『なんか怖い』といいつつ『国を守るためには仕方ない』と話されました。しかし、本当に軍備が国を守るのでしょうか。相手が威嚇しこちらも威嚇でかえしたら、もっと大きな威嚇が来る。相手が拳を振り上げ、こちらも振り上げたら、いつか本当の喧嘩になる。そうではなく、まあまあちょっとゆらいませんか（話し合いませんか）、茶っこでもみしょれ（お茶でも召し上がれ）、こちらは武器を捨てますよというならば拳も収まる。それを保障するのが憲法9条です。

私たち医療者は、生命の守り手として『憲法9条ワクチン』で平和を訴えていきたい。イスラエル攻撃を受けたガザの病院には、たくさんの子どもたちが運ばれてきました。一人の外科医は、瞬時に自分の子どもの死体に気づきました。しかし、助かる見込みのある別の子どもの手当てに入ったそうです。みなさんは耐えられますか。こんな悲劇が起こらないよう、がんばろうではありませんか。

最後に自衛隊の方々について一言。この周辺にも自衛隊員はたくさんおられます。勘違いしてほしくないのは、憲法9条は自衛隊員を苦しめるものではないということです。震災支援でご一緒しましたが、危険も顧みず国民の命のために粉骨砕身される姿には尊敬を抱きました。だからこそ、この方たちを戦わしたくない。殺す方にも殺される方にもなってほしくない。憲法9条は自衛隊のみなさんを守るためにもあります。憲法9条がすべての人を守る平和の守り手であることを強調し、あいさつにかえます」

碑を制作した濱田さんは「建立に携わることができてうれしかった。この碑を拡げてほしい」と話しました。病院に就職して3年目の25歳の理学療法士、松崎蘭さんは、長崎に通って原爆や戦争の過去を学んだ経験から「核も戦争もない時代を目指したい。9条を引き継いでいきます」という宣言文を用意しました。同じ年代の仲間、長谷川真奈さんが代読しました。

「9条の碑」の建立は地元の新聞で取り上げられ、市民に広がりました。平元院長は診察中、碑について患者さんから話しかけられることがたびたびあり、平和について話す機会が各段に増えました。奄美市に転勤してきた公務員が、勤務地から遠いのにわざわざ奄美中央病院を選んで通院するようになりました。理由を聞くと「ここに9条の碑があることをネットで知った。生命と社会を大事にする病院だと思って選んだ」と話しました。

2024年11月には平和の取り組みとして「パレスチナ連帯凧揚げ」をしました。「9条の碑があるというだけで自動的に何かが大きく変わるわけではない。しかし、変えようとする話のきっかけにはなる。今後は9条の碑をもとに平和展、署名、学習会、イベントなど平和の取り組みをさらに発展させていくことが肝要」と平元院長は語ります。

あらためて熱心な取り組みの動機をたずねると、「命を守る医療者が戦争反対の先頭に立つことは、ごく自然なことです」と、すらりと答えます。いやいや自民党に多額の献金をする日本医師会の人々からは、このような魂に触れる言葉は出てきません。

さらに「奄美の要塞化が進んでいます。空港にはアメリカの軍用機やオスプレイがしょっちゅう来ます。瀬戸内地区の弾薬庫も秘密裏に造られました。住民は不安と怒りを感じる一方で、平和を守るためには仕方ないという人もいます」と現状を憂います。

奄美の伝統産業、大島紬の体験工房に行ってみました。絹の織物を泥田につけて染めるのです。布のあちこちを紐でくくって泥につけ、しばらくして取り出すと思わぬ模様がついていてびっくりします。

奄美中央病院の前身、奄美診療所は大島紬の工場の一角で発足しました。戦後、奄美群島が米軍の統治から日本に復帰した翌年の1954年のことです。そのころの奄美の人々は貧しくて「医者にかかれるのは死ぬときだけ」といわれていました。診療所から奄美中央病院に発展したのは1977年です。

病院の入口前の大きな石には、こんな言葉が彫られています。「地理的な離島はあっても、人の生命に離島があってはならない」。憲法9条も同じです。9条が無い国に9条を広め、だれかを殺すことも殺されることもない世界を創り上げたいものです。

2　熊本県熊本市
心の叫びが　明日の平和を編む

二刀流の元祖、宮本武蔵の墓と銅像が立つ熊本市北区龍田の武蔵塚公園の近く、自動車が激しく行き来する道沿いに憲法9条の記念碑があります。社会医療法人芳和会くわみず病院附属くすのきクリニックの入口の花壇に立つのは、高さ1・1メートル、幅1・2メートルの四角い石碑です。白い素材に南アフリカ産の黒い御影石が銘板としてはめ込んであります。銘板には白い文字で憲法第二章の「戦争の放棄」が刻んであります。

それよりも目を引くのは銘板に金色で横書きに書かれた「平和へのメッセージ」という言葉です。9条の碑が目指すものを単刀直入に表現しています。石碑といえばいかめしくなりがちですが、この言葉があるだけで親しみ、柔らかみが生まれてほほえましい。心にスッと入ります。この碑の特徴です。

9条の碑を建てるきっかけは、2023年5月の民医連新聞の記事でした。京都まいづる協立診療所に9条の碑が建ったという内容です。それを読んだくすのきクリニックの松本久院長は「これは素晴らしいことをしている」と思いました。

前年にロシアによるウクライナ侵略が起き、憲法9条について声を上げづらい雰囲気が生まれました。「社会が委縮している。このまま黙って何もしないのは良くない。碑を建てるのは平和を目指す声を上げる良いきっかけになる」と松本さんは思いました。クリニックの事務長、山下勇人さんに相談し「うちも取り組もう」と話し合ったのです。

山下さんはくすのきクリニックやくすのき薬局の職員、患者や地域の人たちでつくる北部健康友の会に呼びかけました。「くすのき憲法九条建立実行委員会」が生まれ、すぐにチラシをつくりました。

「ウクライナとロシアの戦争が長期化する中、他国の戦争へ関わることができるよう、今、日本国憲法は改悪されようとしています。『憲法改悪を許さない全国署名』を集めながら寄付を募り、皆さんと一緒に憲法をまもる取り組みを行っていきたいと思います」。松本院長と北部健康友の会の宮川麗子会長の連名で寄付を呼びかけました。

「憲法九条記念碑ニュース」を発行して、なぜ9条の碑を建てるのか、目標と現状をそのつど知らせました。募金の目標は60万円、２０２４年2月24日までの着工を目指す、全国署名を一人10筆を目標に取り組むなど、具体的な内容を示したことが、平和のために何かしたいと思っていた人々の心に火をつけました。

碑をつくるため、具体的に何をすればいいのでしょうか。山下さんは、わからないことは先人に聞けばいいと考えました。それもみんなで知識を共有しようと考えたのはさすがです。京都の

9条の碑を観る山下勇人さん

まいづる協立診療所で碑を建てる実務の中心となった稲次事務長を講師として「憲法九条の碑、学習講演会」をオンラインで開き、実行委員会の委員はもとより友の会の患者にも参加を呼びかけました。実に民主的かつ効率のいい方法です。

くまもと九条の会からも寄付があり、友の会関係の69人と職員26人により目標額を達成しました。さて、碑のデザインをどうするか。それまでの多くの9条の碑は、「日本国憲法9条の碑」など憲法の碑であることを強調しています。また、碑の多くは建立者の名前、あるいは実行委員会の名を入れるのが普通です。

松本院長は考えました。「だれが建てたのかよりも、なぜこれをつくったのかが一目でわかるようにしたい」。碑を置く場所はクリニックの正面で道路に面しています。通学する高校生たちが毎日、目にするでしょう。「憲法」と書けばイメージは固くなります。若者にとっつきやすくするためにも、碑を建設した理由をすぐにわかってもらうためにも、大きく目立つ色で「平和へのメッセージ」と入れよう！

碑が完成し２０２４年4月17日、くすのきクリニックの交流ホールで「憲法九条記念碑完成式」を行いました。参加した34人を前に、北部健康友の会の宮川会長が「（島嶼部を除いて）九州で初めての立派な9条の碑ができました。みなさんの協力のおかげです」と声を弾ませます。松本さんは「道行く人が9条の碑を見て、平和を心に刻んでくれることが願いです」と話しました。

松本さんはギターを取り出しました。友の会でサークル活動をしているオカリナのグループといっしょに演奏したのは「Peace　平和を編む」という歌です。その伴奏に乗って、参加者みんなが合唱しました。実はこの歌の作詞、作曲者が松本さんなのです。

松本さんは一風変わった方です。高校時代は医者ではなく、畑違いの造船技師になろうと思っていました。大阪府立大学工学部の造船工学科で学び、卒業しました。モノ作りが好きで、海洋工学を学び深海の潜水艇などの船を建造したいと夢見たのです。ところが学生時代は造船不況の時期と重なり、船を開発する環境ではなかった。実習先もタンカーや貨物船ばかり。創造的な感覚が得られなかったのです。

この時期に熱中したのが「うたごえ」の運動でした。フォークソング全盛の時代です。ギターを練習し、当時から作詞、作曲をしました。もともと創作意欲が旺盛だったけれど、その対象が船から歌に替わったのです。「Peace　平和を編む」は、みんなの力を積み重ねて平和を創るという歌です。縦の糸、横の糸を編んでセーターができるように、たくさんの人がそれぞれの生き方をする中で、力を合わせて平和な世の中をつくろうと訴えます。

「Peace 平和を編む」

ピース この手を広げて／ピース 大空に向かい／わたしの心の叫びが 明日の平和を編む／あなたが生まれた寒い朝／わたしの指を固くにぎった／小さな命の鼓動に わたしは涙した／ピース この手を広げて／ピース 大空に向かい／あなたの心の叫びが 明日の平和を編む

なにげない毎日が始まり／きみの笑顔に心なごみ／たんたんとした日々の中に ピースこだました／ピース この手を広げて／ピース 大空に向かい／わたしの心の叫びが 明日の平和を編む／ピース この手を広げて／ピース 大空に向かい／あなたの心の叫びが 明日の平和を編む

松本さんは造船に見切りをつけ、将来の目標を医学に替えました。小学生の時に小腸を3分の2切除し、手術で怖い思いをした記憶があります。それを思い出し、医者になろうと決めたのです。もう一度、受験勉強をやり直し、1年で大阪市立大学の医学部に受かりました。医学を懸命に学んだのはもちろんですが、働く人の健康問題を強く意識して、そこに問題意識を持つ民医連系の病院に就職したのでした。

くすのきクリニックのあと、同じ熊本市にあるフェアトレードのカフェ工房ナチュラルコーヒーを訪れる予定でした。清田和之、明子さん夫妻が始めた店です。ところが台風による列車の遅延で行けず。後日、明子さんから「ピースナインコーヒー」が東京の我が家に送られてきました。銀色に輝く袋に黒のラベルで「Ｐｅａｃｅ９ｃｏｆｆｅｅ ピースナインコーヒー」の表示と白いハト、九つの星、「日本国憲法第二章　戦争の放棄」として９条が書かれています。

和之さんがコーヒー生産の現場を知ろうとブラジルを訪れ、フェアトレードを志したのが２００２年です。そのころ和之さんも、「ともに考え、ともに育ちあう」をスローガンに幼稚園の園長をする明子さんも、憲法９条が危機にあると肌で感じていました。２人は人々がふだんから９条を意識し大切に思うことが肝心だと思い、ブラジルの農民が心を込めてつくった有機栽培のコーヒーを「９条コーヒー」として販売しようと思いついたのです。それが「ピースナインコーヒー」です。キャッチフレーズは「食卓に憲法９条を！」。

食卓に９条があるって、いいですね。９条は碑を観るだけでなく、歌ったりコーヒーを飲んだりして楽しめばいいと思います。熊本は実にワクワクさせてくれます。

終章　ノーベル賞の長崎から世界へ

1　被爆の丘に9条の碑を

ノルウェーのノーベル委員会が「ノーベル平和賞を日本原水爆被害者団体協議会（日本被団協）に授与する」と発表したのは２０２４年10月でした。直ちに日本被団協を構成する長崎原爆被災者協議会（長崎被災協）の入口に、「ノーベル平和賞受賞　日本政府は核兵器禁止条約に署名・批准を！」と大きく書いた看板が掲げられました。その建物で発表から３週間後、私はノーベル平和賞受賞記念講演をしました。演壇のそばに置かれたのが、翌年建てる「憲法９条の碑」の等身大の模型です。

９条の碑を建てることを決めたのは、実は平和賞受賞の半年前です。このとき長崎被災協は「被爆80年に被爆の丘に憲法９条の碑建立を！」というメッセージを発表しました。「長崎を最後の被爆地に」の願いをこめて、被爆80年の２０２５年に憲法９条の碑を建立することを宣言したのです。その中で『長崎の鐘』や『この子を残して』を書いた医師、永井隆博士が自分の子に書き残した言葉を紹介しています。

「私たち日本国民は、憲法において戦争をしないことを決めた。これこそ、戦争の惨禍に目覚めたほんとうの日本人の声なのだよ。日本をめぐる国際情勢次第では、日本人の中から、憲法を改めて戦争放棄の条項を削れ、と叫ぶ者が出ないともかぎらない。そのときこそ…誠一よ、カヤノよ、たとい最後の二人となっても、どんなののしりや暴力を受けても、きっぱりと『戦争絶対反対』を叫び続け、叫び通しておくれ！たとい卑怯者とさげすまれ、裏切り者とたたかれても、『戦争絶対反対』の叫びを守っておくれ！」

メッセージはこう続けます。

「被爆後の生き地獄を目の当たりにし、肉親を奪われ、恋人を奪われ、大切な友を奪われ、原爆のいけにえとなり、生きる希望もなく、絶望の日々を生きながらえていた被爆者は、憲法の誕生にどれだけの勇気をもらったことでしょう。私たちはこれまで、この平和憲法の下で戦争をしない国を造り、平和な暮らしを続けることができたのです。被爆地長崎で被爆者の願いを集め、その実現に努力してきた長崎県被災者協議会は、被爆80年に当たる2025年に被爆の丘に憲法9条の碑を建てることを決意しました。戦争のないそして核兵器のない平和な世界を願うすべての人々と力を合わせて、爆心の丘に憲法9条の碑を建立したいと考えます」

心から共感する言葉ではありませんか。

そもそも9条の碑を建てようと言い出したのは、長崎被災協の監事、長野靖男さんでした。被爆で鉄骨の下敷きになり寝たきりの生活となった長崎原爆乙女の会の副会長、渡辺千恵子さんの「二度と私をつくらないでください」「世界は必ず変わる。未来は明るい」という言葉をもとに、仲間とともに合唱組曲「平和の旅へ」をつくった音楽家のひとりです。被爆後の苦しい生活の中から語り部として平和活動をすることに希望を見出した自分の姿も重ねました。

長野さんを中心に9条の碑を建てるプロジェクトチームが立ち上がりました。長崎に住む漫画家の西岡由香さんや長崎総合科学大学の鮫島和夫元教授も入っています。碑のデザインは若者に考えてもらってはどうか、と長野さんは提案しました。

頭に浮かんだのが長崎被災協の結成を呼び掛け会長を務めた故・山口仙二さんです。長崎原爆青年乙女の会を結成し、さらに被爆者の横断的な組織の結成を呼び掛けました。被爆で顔から胸にかけてひどいケロイドとなったため就職も断られ、何度も自殺を試みた人です。

山口さんは1982年、ニューヨークの国連本部の軍縮特別総会で「地獄を生きのびた証人」として話しました。「私の顔や手をよく見てください。よく見てください。世界の人々、そしてこれから生まれてくる人々、子どもたちに私たちのように、このような被爆者に、核兵器による死と苦しみは、わたしたちを最後にするよう、国連が厳粛に誓約してくださるよう心からお願いをいたします。私たち被爆者は訴えます。ノー・モア・ヒロシマ、ノー・モア・ナガサキ、ノー・モア・ウォー、ノーモア・ヒバクシャ」

その山口さんの母校、長崎工業高校は爆心地のすぐ近くにありました。今は長崎市内の別の場所にあります。長野さんは、山口さんの後輩の生徒たちにデザインしてもらおうと考えたのです。

長崎工業高校の北島弘明校長は「引き受けましょう」と直ちに快諾しました。美術の水田竜太教諭は、碑のデザインを1年生の夏休みの宿題にしました。これを聞いた2年生や3年生も応募しました。約900人の全校生徒のうち324人から作品が出され、うち24点がプロジェクトチームに寄せられました。

それをもとにプロジェクトチームは2点に絞りました。工業化学科3年の河間龍斗君が考えたのは白い両手の平で平和を象徴する大理石の緑の球を包み込む案です。大理石にしたのは憲法という約束を固く守ることを誓うためです。機械科1年の森本琉生君は手の形の部分が欠けた球を土台に乗せる案を考えました。欠けた部分に手を添えることで平和という球が完成するという意味です。二人の案を統合する形で、鮫島さんが絵コンテを描きました。それを漫画家の西岡さんが完成した形に描いたのです。

高さ1メートル、50センチ四方の石に藍色のステンレス板がはめ込まれ「日本国憲法第九条」が刻まれています。石の上から9本の「祈りの手」が伸び、平和な地球を支える形です。碑の制作を担当するプロジェクトチームの長崎県商工団体連合会会長、徳永隆行さんは香川県まで行き、2023年に地元の綾川町の9条の碑を制作した石屋の三好和幸さんに相談しました。そのうえで碑の緻密な設計図を書いたのです。

碑の地球は直径40センチの丸い石で、これだけで重さが200キロもあります。台座を合わせると、地面からの高さが1メートル90センチになる大きなものです。総重量は約1・9トン。ちょっとやそっとの力では倒せません。

長野さんはノーベル平和賞の受賞が決まった直後、長崎市にある渡辺千恵子さんのお墓に受賞を報告しました。77歳のときに被爆講話を始め、毎回、冒頭でこう語ります。「君たちの未来は核兵器のない平穏な世の中になる。世界は必ず変わる。それを成し遂げるのは、皆さんです」

2024年の12月、長崎市の街頭に、81歳になった長野さんら長崎被災協のメンバーが立ちました。手に「長崎に憲法九条の碑を　9条の碑建立委員会」と大きく書いた横断幕を持っています。目標の500万円を集めようと呼びかける姿です。

「原爆で大ヤケドをおった〝赤い背中〟の写真を掲げて原爆の悲惨さを訴え続けた故・谷口稜曄《すみてる》さんから、座り込みのときに年季の入ったタスキを渡された。タスキを受け取った一人として、碑の建立に向けて行動したい」と声に力をこめます。

9条の碑のプロジェクトに参加した漫画家の西岡さんは、長崎の原爆やキリシタンの歴史、平和にかかわる作品を多く描いてきました。おじいさんが被爆者です。「長崎被災協も常勤の方は一人だけ。被爆80年を一つの節目として、確実に世代交代はなされて行くのでしょう。9条の碑の建立は、被爆者の『遺言』でもあるのではないか」と語ります。

長崎被災協は日本被団協の核となる被爆者団体です。そもそも日本被団協は長崎で生まれました。1954年に米国が太平洋のビキニ環礁で行った水爆実験でマグロ漁船「第五福竜丸」が被ばくしたのをきっかけに、原水爆禁止の署名運動が始まりました。翌年、その第1回の世界大会が広島で開かれ、各地で被爆者団体が結成されました。56年に長崎で開かれた第2回大会で、初の全国組織として日本被団協が誕生したのです。

長崎の9条の碑の模型を囲む
田中重光さん（左）、徳永隆行さん（中）、城臺美彌子さん（右）

私のノーベル平和賞受賞記念講演に先立って、長崎被災協の会長で日本被団協の代表委員を務める田中重光さんが話しました。

「68年前、長崎に日本被団協が生まれました。被爆者に対する差別と偏見の中、生活に困窮しながら草の根の運動を続けてきました。ロシアやイスラエルが核兵器を使うと脅す状況の中で平和賞をいただいたのは、本当に意義があります。これは世界の被爆者に対して平和をさらに追求するよう求めるものです。被団協だけでなく、私たちを支持してくれたすべての人々が受賞したのだと思っています。日本は戦後79年間、戦争に巻き込まれることなくやってきました。しかし、憲法の解釈がだんだん変わり、敵基地を攻撃できるようになりました。そんな時期だけに、被爆地に9条の碑を建てることは本当に意義があると思います」

続いて城臺美彌子さんが登場します。2014年の平和祈念式典で被爆者代表として「平和への誓い」を読み、当時の安倍晋三首相を目の前に、原稿にはなかった「集団的自衛権の行使容認は、日本国憲法を踏みにじる暴挙です」と訴えた肝っ玉の据わった女性です。

「憲法9条ができたとき、私は小学校2年生でした。これから平和になると思い、希望に燃えました。遊びの世界でも『男女同権よ』と、暮らしの中で憲法が普通に口をつきました。それが最近になって憲法を変えようという状況です。なんてことをいうんだと思います。未来を考えたとき、子どもたちが安心して暮らせるでしょうか。自衛隊を9条に明記するなど恐ろしいことがいわれています。今の子の未来は徴兵制になるかもしれないと思った時、今こそ9条の碑を造らなければならないと思いました。憲法が変えられてからでは遅い。一刻も早く碑を造りたい」

長崎の9条の碑が置かれる予定地は爆心の丘です。平和公園には、悲惨な戦争をもう二度と繰り返さない誓いと世界平和への願いを込めて、平和祈念像がどっしりと存在感を示しています。像の右手は天を指し、その上空、高度503メートルから落とされ一瞬にして多くの命を奪った原爆の脅威を、そして左手は水平に伸ばして永遠の平和を示しています。

憲法9条は広島、長崎の原爆の被爆者だけでなく、日本全国で悲惨な戦争の被害に遭ったすべての日本人の「非戦の誓い」を背景に生まれたものです。戦後80年を経ると、語り部となる人々の多くは亡くなりました。９条の意義が薄れるのも当然かもしれません。だからこそ、私たち自身が忘れることなく、現在と未来の日本、世界に向けて９条の大切さを何度も思い起こすよう、いつでも目にすることができる碑として掲げたい。世界で侵略や虐殺が起きても平和をあきらめることなく、理想に向けて行動したいものです。

２　全国になお続々と９条の碑

長崎の９条の碑が当初、建立の目標に掲げた日は２０２５年５月３日でした。この日に実は福岡県北九州市、大阪府八尾市。和歌山県和歌山市、香川県観音寺市、茨城県土浦市、長野県原町の全国６か所で憲法９条の記念碑が建てられる計画です。本書を書いている段階で全国の９条の碑は52か所に上っています。２０２４年だけで14も生まれました。さらに計画中の記念碑が20か所ほどあります。

埼玉県だけで４か所もあります。中でも東松山市では２０２５年10月５日に建立と決め、場所も確保しています。東武東上線の高坂駅から西に延びる「彫刻通り」沿いの大通りです。場所にふさわしく彫刻を施した石碑で、９条をエッチングしたステンレスの板の周囲にハトやコアラ、クウォッカの石像を置きました。クウォッカは、いつも笑っているような表情をしているところから「世界一幸せな動物」と呼ばれるオーストラリアの動物です。小型のカンガルーの仲間で、東松山市のこども動物自然公園にいます。完成すれば人気スポットになるでしょう。

福岡県北九州市の会はデザインを公募しました。和歌山市の会も碑の形をシール投票で決めました。特産のミカンをあしらったキャラクター「9ちゃん」をつくって募金を拡げています。香川県観音寺市では碑を名物のうどんの形にしようというアイデアが出ているそうです。どこも「ご当地」の特徴を込めた9条の碑を工夫しています。

「これも9条の碑ではないでしょうか?」という問い合わせが私のもとに相次いでいます。長野県からは「自宅のベランダに9条を書いた板をとりつけました」「事務所の屋根に『9条守ろう』と書いた看板を掲げました」など。長野県を旅した方から「9条を書いた看板が立っていた」という知らせをいただきました。都内では「家の外壁に板の碑を取り付け、9条を書き入れました」という写真入りのお知らせも。和歌山県ではステンレスで9条を刻んだ板を家の壁に取り付けた人もいます。愛知県一宮市では縦3m、横1・2mの「9条大看板」が立ちました。

看板やポスターで「9条」をアピールするやり方も、立派な9条を広める活動です。碑よりも手軽にできる分、簡単に広めやすいという利点があります。ただ、これも「9条の碑」に含めるのは考えものです。私は「9条の碑」として①鉄やステンレスなど「碑」の言葉にふさわしい堅固な素材を使っていること、②建物に付随して設置したのではなく独立した存在であること、③憲法9条をテーマとしていることが明確なこと、を「9条の碑」の基準としています。

最初の「9条の碑」を生んだのは1985年、沖縄の那覇市です。平和憲法の精神を忘れてしまった日本政府に対して「憲法の命をよみがえらせなければならない。憲法の初原の命を本土にさしむけるのである」と、「恒久平和」の文字と9条を記した碑を那覇市長の名で那覇市の中心の与儀公園に建てました。それ以来、政府による9条改憲の動きが強まるにつれて、平和憲法の精神を説く碑が全国の団体、個人によっていくつも建てられてきました。

2019年には「平和」だけでなく「人権」の意味が加わります。戦前の治安維持法の賠償を求める北海道、選挙での警察の弾圧を批判する兵庫県です。単に平和であるだけでなく人権が保障された社会でなくてはならないと主張したのです。さらに全日本民医連が病院に9条の碑を建てる運動を始めたことで「命」という概念が明確に入りました。健康な生命が保障されてなくてはならないということです。そして近年は「文化」の概念も入りました。健康で文化的な生活がまっとうされる社会であるべきだというのです。

こうしてみると、9条だけでなく憲法の他のさまざまな条文が活かされるように求めているのが、9条の碑の建立運動だとうなづけます。やがてジェンダーや民主主義、環境もテーマとして入ってくるでしょう。9条が広がったというより、9条が掲げた「平和」こそ、憲法のすべてを代表する概念としてとらえられているという考え方もできます。

9条の碑がますます全国に広まり、ここから9条を「活かす」市民運動に発展することを期待します。さらに世界の人々が日本の9条を知り、自分の国にも9条を取り入れようという世界的な市民運動となることを、私は夢みています。

あとがき

憲法9条の碑があたかも建設ラッシュのように、全国に広がっています。

全国にある9条の碑を訪ね歩いて『非戦の誓い』を出版したのは2022年5月でした。収録したのは23か所です。1985年に初めて沖縄に生まれたあと、年に1つか2つのペースで増えていきました。

ところが、それからわずか3年で、倍を越しました。2024年だけで14か所も増えました。これはもはや社会現象です。

人はなぜ9条の碑をつくるのか。それは9条が危機にあるという認識のうえに、9条をなくしてはならないという強い思いがあるからです。9条を目に見える形にして、その大切さをわかってほしいという願いからです。

でも、それだけではありません。ウクライナやパレスチナでの悲惨な状況を見るにつけ、戦争のない世界を実現したいという気持ちが募ります。そのための具体的な指針が9条だという確信があります。日本が9条を堅持するのはもちろん、世界に9条を広めることこそ、世界から憎しみの連鎖をなくすことになるという信念があります。

普通の記念碑は過去の業績を忘れないように建てますが、９条の碑は現在の世界に光を当て、平和な未来に世界を導くものです。９条の理念が日本だけでなく世界に広げることができれば、世界は真に平和になるでしょう。

９条のアイデアを出した幣原喜重郎は、同意したマッカーサーに対して「世界は私たちを夢想家と笑うでしょう。でも、１００年後には預言者と呼ばれますよ」と語りました。１９４６年のことです。１００年後の２０４６年まで、あと21年となりました。

２０２５年の年明けに東京都足立区のたなかもとじさんから、雑誌『民主文学』が送られてきました。誌上、たなかさんは「九条の碑」という短編を掲載しています。宮城県仙台市に住む母と娘が「九条の碑」を建てたいと発起し、東京都足立区の９条の碑を訪ねる内容です。娘は視覚障害者です。ステンレスの球状に刻まれた９条の条文を指で触りながら読み進めます。そしていつか点字の「九条プレート」をつくりたいとつぶやくのです。

作者のたなかさんから「母娘は実在の人物をモデルにしています」というメールをいただきました。９条の碑がさまざまな形で広がっていることを実感させてくれます。

世の中はそんなきれいごとではない、とシニカルな声も聞こえて来ます。事実、今の世界はトランプ、プーチン、習近平ら、目先の自国いや自分の利益しか考えない政治家が権力を握っています。

だからといって、それに従ってしまうのは人間として恥ずかしいことではないでしょうか。今こそ、幣原の理想を高く掲げたい。9条こそが憎しみの連鎖を断つカギであると、世界に向けて堂々と主張したいと思うのです。

今年もまたコスタリカにスタディ・ツアーに来ました。この国の素晴らしさを学び、日本そして世界の未来に活かしたいと考える21の人々とともに。理想を目指して社会を変えたいという人々がいる限り、世の中は前進します。

一つでも多く、あなたの街にも9条の碑を！

2025年2月　コスタリカにて　伊藤千尋

伊藤千尋（いとう・ちひろ）

ジャーナリスト。1949年、山口県生まれ。朝日新聞記者として国際報道に携わる。サンパウロ支局長、バルセロナ支局長、ロサンゼルス支局長などを歴任。84か国を現地取材した。退職後、フリーのジャーナリストとして取材、執筆、講演活動に邁進。「九条の会」世話人、「コスタリカ平和の会」共同代表。

『非戦の誓い　「憲法９条の碑」を歩く』（あけび書房）、『コスタリカ』（高文研）、『世界を変えた勇気』（あおぞら書房）、『13歳からのジャーナリスト』（かもがわ出版）、『活憲の時代』（シネフロント社）、『燃える中南米』（岩波新書）、『連帯の時代　コロナ禍と格差社会からの再生』『凛とした小国』『９条を活かす日本』（以上、新日本出版社）など著書多数。

非戦の誓いⅡ　基地の中にも被爆の丘にも「９条の碑」を

2025年4月28日　初版1刷発行
著　者　伊藤千尋
発行者　岡林信一
発行所　あけび書房株式会社
〒167-0054　東京都杉並区松庵3-39-13-103
☎ 03.-5888- 4142　FAX 03-5888-4448
info@akebishobo.com　https://akebishobo.com

印刷・製本／モリモト印刷
ISBN978-4-87154-285-2　C0031